二一世紀は日本人の出番

―震災後の日本を支える君たちへ―

村上和雄・吉田武男・一二三朋子 著

学文社

プロローグ

二〇一一年三月一一日、東日本はとんでもない地震と津波の大災害に見舞われました。それによって、二万人を超える人間の尊いいのちが失われてしまいました。何よりもまず、亡くなられた方々のご冥福をお祈りするとともに、家族・親族や知人を亡くされた方々、そして大きな被害に遭われた方々に心よりお見舞いを申しあげます。

今なお、この未曽有の地震と津波の天災だけでなく、それによって引き起こされた福島原発事故という人災によって、多くの日本人は大きな困難のなかで生きなければならなくなりました。これから先も、その困難は小さくなることがあっても、しばらくは続くことになりそうです。やがては、悲しいことに、直接は震災の被害に遭っていない日本人も、何らかの影響や不安を受けることになるでしょう。思わず、「日本人は何という運命を背負ってしまったのか」という嘆きの声を発したくなるのは、私（吉田）だけではないはずです。そのうえ、私（吉田）の目線が歪んでいるのかもしれませんが、この大災害を自分たちの地位の保全や権限・職域の拡大に利用しようとする、火事場泥棒的な研究者や政治家や企業家などが全員ではないものの、一定数は確実に日本にいるように思えてなりません。情けない限りです。

しかし、過ぎたことや現状を嘆いていても、未来は何も拓かれません。そうした大災害のなかにあって、ありがたいことに、名も知れない若者たちをはじめ、医療や福祉の関係者などのさまざまな善意の人々が被災地で地道なボランティア活動を行ってくれました。職務命令の関係からかもしれませんが、自衛隊の人たちも、人命救助や瓦礫の撤去などに献身的に活動してくれました。そのような実務をこなしてくれる人たちに加えて、国内外の著名な人たちからは、励ましのメッセージがさまざまなメディアを通して発せられました。特に外国からは、誰からというわけではなく、自然に湧き出るかのように、「日本のために祈ろう」(Pray for JAPAN)というメッセージが寄せられました。そのような日本の状況にあって、私たち「日本人の精神性研究会」も、たとえ多大な影響を与えられなくても、少しでも何らかの貢献をしたいということで、自分たちのメッセージを発しよう、と考えるようになりました。その一つが、この小冊子の発行です。

確かに、震災から今日に至るまで、震災後の危機や経済的復興などの提言に関する書籍や、「日本は一つ」や「みんながんばろう」的な、人の心情や意欲に訴えかけて元気と勇気を奮い立たせようとするような書籍が数多く出版されてきました。しかし、そこでは、偉そうにいいますが、「豊かな自然の日本における未曾有の大災害の深意(神意)を根本から捉え、そこに住む日本人が何を学び直さなければならないのか」、という深い洞察があまり多くなかったように思われました。

もちろん、そうした問題に対する解答は、簡単ではありません。神や仏でない限り、誰もが「これが正解です」、と提示することはできないでしょう。私たちの研究会もその例外ではありません。その行為は、私たちの能力をはるかに超えるものです。しかし、私たちは、たとえ正解に辿り着けなくても、「日本人の精神性」に着目しながらその問題に真剣に取り組むことによって、一歩でも真実の正解により近づけるのではないかと考えています。なぜならば、私たちは、通常の科学と学問の枠組みに制約されることなく、それらを超えた複眼的な視点から、物事に隠された真実に迫ろうとしているからです。そこには、大震災も含めて、物事の現象には「偶然」などというものはないという確信や信念のようなものが、横たわっているからに他なりません。

したがって、この小冊子のどこを探してみても、正解やそれに達するための具体的なマニュアルは十分に提示されていませんが、私たちは、この大災害を真摯に受けとめながらも前向きに日本人として学び直し、再出発するうえでの精神的な道しるべの根っ子の部分を示そうとしました。そのような作業が、われわれの研究会の社会的・歴史的な使命と役割ではないのか、と生意気に思ったからです。したがって、本書が、一人ひとりの人生にとってのライフ・イノベーションの契機になるとともに、さまざまな震災後の日本の苦難や試練に立ち向かう人の励ましと勇気につながり、ひいては、新しい日本の再出発、さらには「二一世紀は日本人の出番」になる一つのきっかけとなれば、本研究会にとってこれに勝る慶びはありません。

なお、本書を刊行するに当たり、本研究会の顧問である村上和雄筑波大学名誉教授が特別寄稿していただきました。この場を借りて、ご厚意に感謝いたします。

最後に、早急な出版計画であったにもかかわらず、ご無理を聞き入れていただいた学文社の田中千津子社長には厚くお礼を申し上げます。

二〇一一年九月一一日

「日本人の精神性研究会」
吉田　武男
一二三朋子

目　次

Ⅰ　日本人の生き方を再考する：震災直後のドイツ滞在によって気づかされたこと

吉田　武男

一、震災直後のドイツ出張

（1）震災とドイツ出張との特異なマッチング

すでに著名な思想家や文化人たちが、日本人は震災から何を学ぶべきかについて、さまざまなマスメディアを通じてすぐれた見解を示してくれています。また、とんでもない被災に遭われた老若男女が、なまなましい体験をマスメディアに語ってくれており、そこからわれわれは多くのことを学ばせてもらうことができます。いのちや大切さ、絆の重要性、他者への思いやりなどです。特に、子どもの生の声を綴った作文集なんかを読んでしまうと、わざとらしく白々しい道徳の副読本と違って、思わず目頭が熱くなってしまうような感動的な文章が数多く収められています。

そんなわけですから、震災の被害といっても、被災者証明を市役所で今後のために取っておこうと思う程度の私が、あえて自分の能力や置かれている状況を顧みることなく震災について思索しても、とても大きな意味を見出せないような気がしています。しかし、少し捻くれて、通常の科学的な見方ではなく、物事には「偶然」はなく、意味ある「必然」が起きている、あるいは、「作用」があれば必ず「反作用」がある（作用反作用の法則）、別の言い方をすれば、「原因」があるから必ず「結果」がある（因果関係の法則）、というようにスピリチュアル的に考えれば、ドイツ出張が私にとって震災直後に予め計画されていたのは、何らかの意味を有していることになります。でも、そこまでいわないで、非スピリチュアル的に考えても、つまり普通一般的に考えても、震災直後のドイツ出張という「偶然」の機会によって、ここで記述する、異界から震災後の日本を眺めることによって得た見解は、日本国内で暮らしていたら見えなかったものを異なった視点から顕現化できた点で、わずかなりとも一定の意味をもっているようにも思えます。少なくとも正直に告白すると、私個人の教育・研究活動にとっては、今回の体験とそれに基づく思惟は、これまでの人間観、教育観、社会観などという世界観を根底から揺さぶられることになった点で、大きな意味をもつことになりました。ここでは、私自身にとっての意義はさておき、本書の存在意味は読者の判断に委ねることにして、話を先に進めましょう。

（2）異界への参入序曲としての震災

二〇一一年三月一一日午後二時四六分、所用を済ませて大学に戻るために車を走らせていたところ、突然に車が揺れ、とても運転できない状態に陥りました。それが、一時間以内に東北地方の海岸で多数の日本人を襲う津波の序曲、私的には異界に参入する序曲になるとは、その時はとても想像すらできませんでした。ましてや、原発事故が発生し、日本がこれから放射能時代に入ってしまう幕開けになることなど、まったく考えも予想だにもしませんでした。

そこは大学から五キロぐらい離れているところでした。当初は、車の前後のタイヤが対角線上にパンクしたのかと思い、路肩に車を寄せて止めました。ところが、サイドブレーキをかけて止まっているにもかかわらず、車の揺れが止まらないのです。すると、同じ行動をした前方の乗用車の運転手が、こちらをじっと見ていました。私の自動車がよほどとんでもない状態になっているのかなと思い、エンジンを切って車を降りました。それでも車が揺れ続けており、また電柱も、そして地面も揺れていました。そこで、状況が理解できました。

しばらくして揺れがおさまったので、まず自宅で家族が大丈夫なことを確かめたうえで、大学に急ぎました。すると、大学の空き地や駐車場には多くの教員や学生が避難していました。建物の様子をそこで聞いたところ、ほとんどの部屋は散乱状態になっているとのことでした。電気の消えた階段を上り、暗い廊下を歩いて、五階の自分の研究室に急ぎました。ドアを開けようとしましたが、何かがじゃまをしているようで、数センチしかドアは動きませんでした。まさにそのドアは、私にとって異界参入への入り口の象徴でした。

物理的に考えると、おそらく落下した本がじゃましているのだろうと思い、何度も思いっきりドアを押して、無理やり部屋に入りました。すると、二時間前にいた日常的な研究室が、まるで非日常的な別世界になっていました。机の上にあったコンピュータや本などが床に落下していたところに、さらに書棚の本も落ちていました。ラックの上に置いていた、まだほとんど新品状態のレーザーのカラープリンターも床に落ちてしまい、もうとても使えそうもない無残な姿が目に留まりました。

呆然としていても事は進展しないので、なんとか電気が通じたときに漏電しないように、電源のコンセントやプラグあたりのものを排除しました。というのは、二日後に、ドイツに出張してしばらく不在になるので、やれることだけはやっておこうと考えたからでした。ところが、その日は電気が通じなかったので、日没と同時に、復旧作業は中断となりました。しかたなく自宅に戻り、ろうそくの火で一夜を過ごしました。

翌日の一二日、朝から買い物に出かけました。日本に残る家族のために、まず、二ℓのペットボトル入りの水を買いました。それから、ドイツに長く住んでいる知り合いから、「ドイツのふつうのスーパーでは使い捨てカイロが手に入らないので、お土産に持って来てほしい」といわれていたので、それを探しました。すると、商品の棚はほとんどなくなっており、使い捨てカイロも数少ない状態になっていましたが、何とかお土産分を買うことができました。午後から、再び大学の研究室に出かけて、火災が起こらないように応急処置だけをして、自宅に戻りました。そして、ドイツ出張の荷作りをして寝ました。そのころには、一時的に電気だけは通じていました。

(3) 異界へのフライト

翌日の一三日、一一時発のフランクフルト行きのルフトハンザ機に乗るために、車で成田に向かいました。空港に着くと、とんでもない光景が目に飛び込んできました。人でロビーが溢れているのです。しかも、国際空港といえども、外国人が異様なほどの多さでした。荷物を預けるのに、一時間半待たされました。飛行機も、定刻より二時間遅れで出発することになりました。出発三〇分前に飛行機に乗り込むと、機内の座席はほぼ埋まっていました。隣の席には、三〇歳ぐらいのドイツの男性がいました。シートベルトを締めて出発を待ちましたが、機内のアナウンスでは乗り換え客を待つという情報が流され、結局、機内で一時間待つはめになりました。そのあいだ、何もすることがないので、外国人とのコミュニケーションの予行練習でもするかと思って、隣のドイツ人と、片言のドイツ語を中心に英語と日本語を混ぜながら話していました。そのドイツ人は、メルセデス・ベンツの技術者で、急遽ドイツに帰国することになった方でした。彼の話によると、川崎市で戸外にいた時に、地震にあったようでした。ドイツではほとんど地震は起こらないので、とにかく何が起きたのかわからず、驚嘆したようでした。家族も心配しているので、早く帰りたいと言っていました。けっこう親切な方だったので、飛行機の離陸後も、二人で三ヵ国語会話を楽しんでいました。地震のこと、津波のことなどを一通り話した後、お互いの仕事のことを話題にして延々と会話を続けていました。

た。というのは、今回の機内の雰囲気は何か楽しくなかったからです。私には何か、外国にこれから向かうという楽しみな感じではなく、日本から離れてよかったという後向きな雰囲気が漂っていたように思えました。その飛行機は、定刻より三時間遅れでフランクフルトに到着しました。

（4）異界の玄関口

フランクフルト空港は、私にとっては海外渡航の際にもっとも利用するところです。それだから私は慣れたもので、いつものように、いつものところで荷物を受け取って、三時間遅れを少しでも取り返すために、まずは出迎えの人たちが待っているロビーのところにできるだけ早く出ようとしました。その時、出口のところで隣席のドイツ人が私を待っていてくれていました。彼が親切に別れの言葉を言ってくれましたが、私は急いでいたので、立ち止まることなくドイツ語で応じながら外に出ました。外に出た瞬間、ドアの外は異常な雰囲気でした。いつもなら多数の出迎えのドイツ人がもっと楽しそうに待っているのに、今回は心配そうな顔をして知り合いを探しているようでした。隣席のドイツ人も、知り合いから見つけてもらったらしく、その方向へ去って行きました。待っていた人たちは、おそらく家族だと思うのですが、待ち人に会えて抱擁していました。嬉しさのあまり涙ぐんでいる人もいました。ここで私が別れの挨拶を彼にするのも場違いだなと思い、そのドイツ人からそっと離れて行き、ニュルンベルク行きの列車に向かうことにしました。すると、あちこちでテレビカメラが用意されており、乗客にインタビューが盛んに行われていました。まるで、危険な戦地から帰ってきた人を迎えるような雰囲気が漂っていました。何しろ、私はこの空港を何度も利用していますが、多くの出迎えのドイツ人とテレビカメラのあいだを潜り抜けなければならないような光景にはじめて遭遇しました。何をおおげさに考えているのだろうと、半ば心の中で思いながら、その異様な雰囲気の場を抜け、列車に向かいました。結局、目的地のニュルンベルクのペンションには、三時間遅れの午後一〇時に到着するはめになってしまいました。

到着予定時間をかなり遅れてしまったので、このペンションのご夫妻にまずは謝らなければと思ったのですが、ご夫妻はそんなことはどうでもよいといわんばかりに、涙ぐみながら迎えてくれました。まるで、フランクフルト空港で別れたあのドイツ人の家族と同じような雰囲気で、迎えられました。

ドイツは、私にとって日常世界の日本から遠く離れた異界に違いないのですが、機内の雰囲気、フランクフルト空港の雰囲気、いつも利用するペンションのオーナー夫婦の雰囲気など、何か今回のドイツ滞在はいつもとは違う異界の雰囲気を感じさせるものでした。「何かがヘン」と思いながらも、初日は疲れているので、そのまますぐにベッドのなかに入り寝ました。

二、異界における日本の姿

(1) ドイツのテレビで伝える日本の災害の姿と日本人への評価

現地時間の一四日朝、テレビのスイッチをつけてみると、日本の災害の様子が放送されていました。いくつかのチャンネルを見ても、かなりの番組で日本の様子が放送されていました。普通、ドイツのテレビでは、日本の話題はほとんど取りあげられません。そもそもアジアが取りあげられることも少ないうえに、そのときでも、大多数は中国の話題です。寂しいことに日本の話題はきわめて少ないのです(街中でも、「日本レストラン」よりも、「アジアレストラン」が目立っています。フランクフルト空港でも、これまでドイツ語と英語の放送が流れていましたが、最近ではそれに加えて中国語が入るようになりました)。

ところが、今回は、特番の報道番組がかなり組まれ、そのほとんどは日本の災害の話題になっていました。そこで登場する映像は、不思議なことに、日本国内のテレビでは見たことのないリアルなものでした。特に、津波で船や車が流されるシーンと原発の爆発シーン(キノコ雲が発生したところ)は、まるで映画ではないのかと思わせるような、臨場感あふれる凄まじいものでした。もちろん、そのシーンは映画ではないわけですから、血の気が引く思いでそのシーンをテレビで見ていました。テレビの論調は、かなりひどい災害と事故になっている、という伝え方でした。

その夜になっても、同じような報道番組は流れていました。そこでは、前述したようなシーンとともに、被災地で悲しんでいる人々や避難している人々へのインタビューをはじめ、そこでの暮らしの映像が目につくようになりました。そのうちに、パニックや略奪を起こさないで避難行動をとる日本人に対して、絶賛した高い評価がテレビのコメンテーターから聞かれるようになりました。インターネットで調べてみると、その高い評価はすぐに日本にも伝わっていたようでした。日本人としてうれしく思ったものです(この評価は、帰国後の日本でも、マスメディアで繰り返し報道されていました)。

ところが、日が経つにつれて、日本人への評価が微妙に変わってきました(この変化は、帰国後の日本では、マスメディアを通して不思議なほど伝えられていません)。たとえば、東京の列車の映像が流されて、普段通りにサラリーマンが通勤をしていることに、疑問が示され始めました。特に、放射性物質が拡散しているにもかかわらず、何もなかったかのように会社に勤務し続けるサラリーマンたちの姿は、ドイツ人にとって奇異に映っていました。というのは、ドイツでは天気予報の番組のときに、日本近辺の風向きが紹介され、それとともにドイツ気象庁の放射性物質拡散予想が毎日のように報道されていたからです(そのときには、すでにインターネットでも、ドイツ気象庁のホームページに世界中からアクセスできる状況になっていました）。しかも、ドイツのテレビ報道では、フランスや台湾などの外国の政府が自国民を日本から救出するために飛行機を派遣しているなかで、ドイツ政府も日本在住のドイツ人に東京から西に逃げるように通達を出し、東京のドイツ大使館の閉鎖を決定していたからです。アメリカも、自国民に原発から五〇マイル（約八〇キロ）以上の地点に避難するように、また在日米軍の家族にも、不安ならば帰国するように呼びかけていました。

夜中のトーク番組でも、ついに日本人の行動は奇妙だという認識に至り、それについての原因を探る議論がはじまりました。そこで発言された原因のなかで一番印象に残っているのが、日本学の専門家の発言でした。その専門家によると、日本社会はタテ社会であるために、会社の束縛から日本人は逃れられない、というものでした。私は、「こいつバカか」と思い、テレビに向かって「日本人はいのちの危険を知らないから逃げないだけですよ。知っていたら、会社など休んですぐに逃げますよ」と、思わず突っ込んでいました。たぶん、日本学の専門家であるから、ベネディクトの『菊と刀』のものさしで、日本人の行動をまじめに分析したつもりでしょうが、あまりにも現実離れしたその指摘には、私はただあきれるばかりでした。そうした専門家の指摘よりも、むしろ、素人的な若い人たちが指摘していた「日本のマスコミは政府の公的な発表だけを流し続けているから、日本国民は何も真実を知らされていないだけだ」、「日本国民の多くは外国語ができないので、外国の報道を見ないからだ」、「日本人に知り合いがいる人は、早く事実を知らせてあげるべきだ」などの素人的な発言の方が、私にははるかに説得力をもっていました。

数日後の夜、いつものようにテレビで天気予報を見ていると、放射性物質拡散予想が放送されました。それによると、これまでは南西の風によって太平洋側に放射性物質が拡散していました。そのために、アメリカ人がヨウ素剤を飲まなければいけないと騒ぎだしている、ということでした。私は、「神様が日本を風で助けてくれている」と密かに思って安心していました。ところが、時間が経つにつれて、次第にその風向きが変わり、放射性物質が北西、つまり福島市や飯舘村の方向に拡散する予想になっていました。

そこで、インターネットでも情報を確かめましたが、やはり同じ予想が出ていました。しかも、原発から二〇キロどころではない、もっと離れた地点にかなり濃い放射性物質が拡散するというものでした。二〇キロ越えたあたりから「屋内退避」の指示ということで学校の体育館などの広い建物の中に避難してきた人たちがたくさんいる、と日本からの情報で知っていたので、背筋が寒くなってきました。もしこの情報どおりのことが起こっていて、その屋内退避の人に知らされていないならば、とんでもないことが起きていると思うようになりました。全身に恐ろしさと同時に、何かやり場のない怒りが込みあげてきました。

さらにその後の予想を見ていると、なんと北風が吹き、次第に私の家族が住んでいる筑波を越えて関東一帯に放射性物質が拡散するというものでした。インターネットでは、そこまでの拡散予想しかわかりませんでしたが、テレビでは、そこにまもなく雨が降って危険な状態になる、と報道をはじめました。そのうえ、ニュース番組の特派員報告で、ドイツの日本特派員が、それまでは東京から日本の様子を伝えていましたが、今回は違った雰囲気の場所から伝えていました。特派員の背景に見える看板に「難波」という漢字を見つけましたので、その場所は大阪だと私にはすぐにわかりました。つまり、特派員は、危険を察知して東京より西に避難したうえで、大阪より日本発のニュースを送っていたのです。特派員の発信場所の変更は、東京は危険であるということを言外に、身をもって伝えるものでした。

(2) 認識の乖離

テレビによる情報だけがおかしいのかもしれないと思い、インターネットで調べてみることにしました。すると、確かな筋の情報かどうかわからなかったのですが、ドイツ語で、「ドイツ政府による関東地方からの待避指示に従わないで、甲状腺癌になったドイツ人に対しては、ドイツの健康保険は効かない」という、脅し文句のような文言を見つけました。また、自分に来た旅行会社からのメールを開いてみると、二二日のルフトハンザ航空の帰国便は成田に飛ばないので、フランクフルト空港で、名古屋や大阪に到着する便に搭乗できるように交渉してください、という連絡が来ていました。これらによって、日本はたいへんな事態になっているというのが、ドイツの認識なのだと気づきました。つまり、日本の現状に対するドイツ国内の認識と、日本の現状に対する日本国内の認識とは、とんでもなく乖離していることに気づかされたのです。そう考えてみれば、数日前に駅で売られていた新聞の一面トップに、「東京は終わった」という見出しがあって、福島原発の事故はスリーマイル島の事故を越えて史上最悪のチェルノブイリの事故に匹敵する、と書かれていたことを思い出していました(当時日本政府は、福島の事故レベルはスリーマイル島の事故よりも低い四であると報道していました)。

このような大きな認識の乖離が両国の間にあるのだから、どうしようもないと、私は割り切ってしまうわけにもいきませんでした。というのは、家族のいる日本の実態は刻々と変わっていくわけですから、何もしないで異国で見守るというのも選択肢として無責任であるように思えてきたのです。しかし、いくら考えてみても、一万キロ離れたドイツで把握する私の情報よりも、日本のことについては日本にいる人が正しくしかも詳しく情報を知っているはずでしょうから、私が口を出すのもおかしいのではないかと、しばらくは結論づけていました。それでもいろいろと考え続けているうちに、当事者よりも遠くにいる人がかえってその姿の全体像を鳥瞰図的に捉えられるのではないか、また情報にしても、日本のテレビでは見られなかった津波と爆発の映像がドイツでは放送されていたではないか、などと思い至るようになり、私は日本の知り合いに親切と責任のもとに、伝えるべきものは伝えるということに決断しました。

最初は、筑波に残してきた家族に、早急に筑波から避難するようにいいました。日本時間で三月一六日の早朝でした。最初は、まだ子どもの学校が春休みになっていないので家族は渋っていましたが、私のあまりにも強い口調に押され、夕方にとにかく東京に向かうことになりました。そして、夜に新宿のバスターミナルに着いて、夜行バスで長野に避難しました（後日に聞いた話では、そのバスターミナルはまるで日本ではないような雰囲気で、多くの外国人が夜行バスで西に向かおうとしていたそうです）。それから、知り合いにも、メールで連絡をしました。私からの情報を聞いて、まったく信用しない人もいましたし、信用して避難された人もいました。あるいは、信用はするが、危険を承知で自分の責任であえてそこに留まる人もいました。知り合いの人の行動はそれぞれ違いましたが、私は、自分のもっている情報を自分の責任で知らせましたし、それぞれの人はその情報を知ったうえで自分の責任で判断され行動されたのですから、その時のお節介気味の行動はそれはそれでよかったのではないかと、今でも思っています。そのときの行動の一端は、証拠として、今でもその方のブログに残っています。その方は、福島市在住の『スピリチュアリティ教育のすすめ─「生きる意味」を問い「つながり感」を構築する本質的教育とは─』の共著者飯田史彦氏です。そこには、次のように私のメールが紹介されています。慌てて真夜中に書いているので、おかしな日本語の部分もそのまま残っています。

そういえば、いまドイツにいる友人（国立大学教授）から、このような報告をいただいておりました。

「先生が福島に帰られているという情報を小耳にはさんだので、大丈夫かなと思ってメールしました。

私は、いま、ニュルンベルクという町にいます。

いろいろとニュースをみているのですが、日本とドイツとでは全然認識が違っています。


こちらの情報では、東北のみならず、関東地方も、放射能で危険だと言っています。ドイツ政府は、すでに全員のドイツ人を、国外をはじめとした関東以外に移動させました。


ドイツの救援隊も成田に駆けつけました。しかし日本のマスコミは沈黙していますが、救援隊は、すぐにドイツに逃げ帰りました。ルフトハンザ機は、成田にはつかないことが決まり、どこかに振り分けられそうです。

つまり、ドイツでは、すごい勢いで放射能が出ていると判断しております。

天候が崩れて、北風が吹くと、関東全土は大きな被害をうけるそうです。


福島や関東におられるならば、とにかく西に向かってください。

私の残された家族に対しては、一昨日、夜行バスで遠方の故郷に帰らせました。

とにかく、ご無事でお過ごしください。」


(http://homepage2.nifty.com/fumi-rin/sub39.html)

（3）ドイツにおける脱原発の疾風

三月二〇日になると、アメリカ軍によるリビア空爆の報道によって、ようやく日本の震災の話題は少なくなってきたものの、私が離独する二二日まで、毎日のように新聞やテレビで報道され続けていました。しかし、次第にマスコミの関心は、日本の震災や原発事故からドイツの原発問題に強く向き始めました。ドイツでは、日本の原発事故以降、脱原発を主張するデモや集会が各地で開催され出しました。マスコミ報道によると、そこへの人々の集まりは、かなりの数にのぼっていたようでした。というのも、近々、いくつかの州で議会選挙が行われることになっており、脱原発の主張がまさに最大の争点になっていたのです。

そもそも、二〇一〇年の秋に、ドイツのメルケル首相は、二〇二二年頃までにはすべての原発を停止するという前政権の決定に対して、代替エネルギーの普及が追いついていないという理由で、さらに一二年間の延長を決定したところでした。そこに、二〇一一年三月に福島原発事故が起きたために、メルケル首相は自ら決めた延長を改めると表明するようになったのです。その表明によって、メルケル首相は、脱原発のグループによる反対を沈静化させて、選挙を有利に展開させようとしていました。しかし、メルケル首相と対立するグループは、選挙を有利に展開したいためなのか、本当に脱原発の信念を純粋に貫きたいためなのかわかりませんが、とにかく原発反対を騒ぎ立てていました。

その騒ぎの現象だけを見て、日本では、ドイツ人はなぜ原発にヒステリックになっているのだろうと、不思議がられていたと思います。冷静に考えれば、ドイツでは、ほとんど地震というものもなければ、津波もありません（したがって、ドイツ語では、津波はTsunamiで通用します）から、日本の原発事故のようなケースはあり得ないのです。ところが、ドイツの場合、原発問題が完全に政治の争点になってしまったものですから、冷静な思考はできなかったように思いました。とにかく、反原発や脱原発などのスローガンが叫ばれていたようでした。スローガンは政治情勢を変えるものですから、どちらの政治勢力も巧みに利用しようとします。それだけに、スローガンは冷静な思考を停止させかねない点で、危険なものだなと、私はそんな冷めた目でドイツの選挙を眺めていました（選挙結果については、メルケル首相が今年の最重要選挙と位置づけていた三月二七日のドイツ南西部のバーデン・ヴュルテンベルク州で、野党、特に環境重視の「緑の党」が圧勝しました。その後、メルケル首相は、早期に「脱原発」へ政策転換することを表明しました）。

三、異界から日本への帰途

(1) ニュルンベルクからフランクフルトへ

三月二三日の帰国日に近づくと、ドイツの知人たちは、「もう少しドイツにいたら」、「ドイツに家族を呼んだらどうか」などと、私の日本帰国を心配してくれました。ありがたいことです。みなさんの気持ちだけをいただいて、「来年

「日本のために連帯を」と書かれた十字架
（於：バーデン・ヴュルテンベルク州都シュトゥットガルトの中央公園，2011年３月19日）

にまたドイツに来ます」といって、予定通りの帰国日に向けて準備をしました。その頃、インターネットで日本のニュースを見ていたら、関東地方のあちこちの水道水で放射能物質が検出されていました。ドイツの情報（認識）からいえば、その検出は驚きでもないし、事前に予測されていたことなので、日本で騒がれていることが滑稽にさえみえました。そんなわけで、もうすっかりドイツの認識に慣れ親しんでしまった私は、ある程度の危険を知りつつ、覚悟して日本に帰国しようと決心を固めていました。

帰国当日、ニュルンベルクから国際空港のあるフランクフルトに列車で向かいました。たまたま、座席の前に東洋系の女性が座っていたので、話しかけてみました。聞いてみると、中国からドイツに留学している大学院の学生でした。彼女の専攻分野が教育学だったので、思わずいろいろと話をしました。その話のなかで、私は大きな荷物を持っていたので、てっきり原発事故で危険な日本から脱出してきたと思われていたようで、これから帰国することを告げると驚いていました。「わたしの行動はクレージーですか」とたずねてみると、「奇妙だ」と彼女は返答しました。そこで、性格の悪いわたしは、「奇妙だ」と思うならもう少し奇妙なことをいってやろう思い、「日本にはたくさんの神様や仏様がおられて守ってくれているので、日本は大丈夫なんですよ」といいました。もちろん、神や仏を信じないお国柄の彼女は、ますます奇妙に思ったことでしょう。とにかく、この中国の女子学生も、多くのドイツ人と同じ認識で、日本を危険な地域とみているようでした。

列車がフランクフルトに到着したので、その学生に別れを告げて、ルフトハンザ航空のカウンターに急ぎました。何しろ、成田行きの飛行機は飛ばないのですから、これからの交渉は難航するだろうと予想していたからです。

ちなみに、その彼女からは、次のようなメールが帰国してから来ました。

Dear Mr.Dr. Takeo YOSHIDA,

How are you?

I am ○△. We met on the train in Germany. I think you are in Japan now. I don't know what about the situation in your hometown now. I wish you and your family can pass the disaster and rebuild the beautiful home as soon as possible.

Best wishes,

＊注　○△のところには、実名が書かれていました。

（2）フランクフルトから成田へ

空港では、一時間くらいかかってようやく、何とか、名古屋行きのチケットに替えてもらいました。そのうえ、名古屋から成田までは、全日空機に無料で搭乗できることになりました。そんなわけで、無事、予定通りに日本へ帰国できることになり、搭乗口に急ぎました。飛行機の搭乗口で、日本の新聞（読売新聞衛星版）とドイツの新聞（フランクフルト・アルゲマイネ紙。発行部数は年間三七万部で、ドイツでは最も信頼性の高い中道右派系の新聞）を取って乗り込みました。

早速、久しぶりに日本の新聞をみました。第一面の左上に、「三、四号機制御室に照明」という見出しがあり、次のような記事が書かれていました。

「三、四号機は津波による被害が当初の予想より少なく、作業がはかどったため同日午後一〇時四三分、共有の中央制御室の電源が回復、照明がともった。四号機は早ければ二三日にも、使用済み核燃料の一時貯蔵プールの冷却水循環を再開できる可能性があるとしている。

電源復旧作業は、二一日午後に三号機で火災の可能性を示す灰色がかった煙が上がったため中断していたが、東電は二二日朝、煙は火災によるものではなく、敷地内の放射線量も下がっているとして、一六時間ぶりに再開した。」

この記事を読んで、帰国準備をしているうちにずいぶん復旧作業が進んで見通しが明るくなったのだ、と思っていました。一通り、日本の新聞を読んでから、もう一つのドイツの新聞に目をやりました。すると、同じく第一面の左上に、「福島の原子力発電所の上に煙のようなもの」という見出しがあり、続けて次のような記事が書かれていました。

「三月二一日、福島の原子力発電所の状況は、火曜日に再び悪化した。二号と三号の原子炉から、再び煙のような雲の塊と水蒸気が立ちのぼった。原子炉と燃料棒を冷却するための作動はときどき中断した。」

ドイツの新聞記事は、福島の原子力発電所の復旧作業はあまり進んでいないどころか、むしろ暗雲がさしているというような内容でした。この新聞記事の違いは、今回のドイツ滞在時に味わった両国の認識の乖離を象徴するものでした。

搭乗した飛行機は、名古屋に直接に向かわず、韓国の仁川空港に到着しました。そこでは、乗客はまったく乗り降りしないで、乗務員全員が交代することになりました。交代するときの、「どうぞお気をつけて旅を続けてください。また、再びお会いすることを心からお待ちしています」というドイツ語の機内アナウンスは、いつもと少し違って、言外に何か二度と会えないかもしれないというようなニュアンスを込めたものでした。まるで、お客様を危険な戦地に送り出すようなものでした。特に、座っているお客に向かって、一人ずつ、「お元気で」「さようなら」と声をかけながら降りていったので、よけいに私はそのように感じました（だって、普通の場合、お客を座らせたまま、乗務員が降りていくような光景はあり得ないからです）。私は、とんでもない地域に行こうとしているのか、と思わざるをえない気持ちになりました。

代わりに日本人の乗務員が乗ってくるのだろうかと思っていると、なんと別のドイツ人の乗務員が機内に入って来ました。そこでは、燃料の給油と機内食の搬入も行われたようでした。その後、交代した乗務員とともに、飛行機は名古屋空港に向かいました。空港に到着すると、乗客全員はすぐに降ろされましたが、交代した乗務員はまったく後から降りて来ませんでした。その後、その飛行機は機内掃除を済ませるやいなや、ドイツ行きの乗客を乗せて飛び立って行きました。その慌ただしさには、まるで汚染地帯に長く滞在しないという方針が貫かれているように思えました。私は無料で搭乗できる成田行きの全日空機を四時間待って、成田空港に到着しました。

一〇日前に混雑していた出発ロビーに行ってみました。そこは、そのときとまったく別世界でした。通常よりも、むしろ乗客が少ないように感じられました。いったい、あの時は何だったんだろうと思いながら、しばらく光景を眺めていました。やがて、車を預けていた駐車場から迎えのマイクロバスが来たので、それに乗せてもらって駐車場に向かいました。その途中に運転手と話をしましたが、日本は何もなっていないよ、というようなメッセージが返ってきました。ますます、この一〇日間は何だったのだろうと思いながら、車で自宅に戻りました。

自宅に着いても、家族は私の指示に従って筑波を緊急に去っていたので、家の中はひっそりとしたものでした。そこで、数日過ごしてから、家族の避難している長野に車で向かいました。その間、テレビをみていると、私がいつもドイツのテレビでみせられていた放射性物質拡散情報を、政府はようやく日本でも公開するといっていました。私は、拡散したであろうヨウ素一三一の半減期は八日なのですから、もう今さらいっても遅いでしょうに、と思いながらそのニュースをみていました。

四、異界から戻ってみえたもの

（1）信頼の崩壊

この大震災と直後のドイツ出張とを経験して、何よりも私のなかで三つのものへの信頼が崩壊してしまいました。第一に政府です。私は政治についてはまったくの門外漢ですが、原発事故の情報開示については、開いた口がふさがりませんでした。

個人的な意見としては、基本的に政府はすべての情報を国民に開示すべきだ、とは考えていません。政府は、政治行政をやるうえで、すべて開示していては事を進めることができないはずです。保守主義だって、進歩主義だって、共産主義であっても、どのような政府や政治体制も必ず国民に何らかの秘密をもっているはずです。歴史をみても、世界を見回しても、どこの政府も情報を隠蔽します。それは、しかたないことでしょう。しかし、問題はその程度と内容です。

多くの方がご存知のように、政府は原発事故当日においては原発から三キロ以内を避難区域、一〇キロ以内を屋内退避にしました。翌日の一二日早朝には、避難区域が一〇キロになり、第一号機が午後に水素爆発を起こすと、避難地域は二〇キロになりました。その翌日の一三日に私はドイツに向かったのですが、その後に第二号機と第三号機が水素爆発を起こすことになったのです。

私にとっては、日本にいるときには、マスコミを通して、「事故は収束しつつあります」、「念のため周辺住民に避難・屋内退避指示が出ています」、「ただちに健康に害を与えるレベルではありません」などという政府発表を聞いていただけに、ドイツにいるときには、原発事故に対するそのあまりの温度差に、当初は戸惑っていました。しかし、ドイツでは、ドイツ国内のマスコミだけでなく、アメリカのCNNやCBS、アメリカのニューヨーク・タイムズとワシントン・ポスト、イギリスのBBC、中国の国営放送など、どこの外国のメディアも基本的に同じような論調で伝えていたので、すっかり外国メディアの見方に洗脳させられた気持ちでした。結局、日本に帰国してしばらく原発の状況をみていても、基本的に外国の政府発表の方が真実に近かったのではないかと思えるようになり、日本政府の発表というものに対する信頼を失ってしまったのです。早く信頼をもたせるようにしていただきたいものです。

ちなみに、ドイツ政府が一九九〇年ごろに行ったシュミレーションが、次のところで見ることができます。

http://www.youtube.com/watch?v=Tl-FVTsUorA&feature=related

そこでは、最後に次のようなメッセージで終わっています。

「一九九〇年に行われたドイツ内務省の研究会では、放射能が非常に早く放出された場合は、災害対策としては住民に警告を出すことと、正確な情報を提供するしか援助方法はないと結論されている。」

第二にマスコミです。外国のメディアでも指摘されていましたが、日本のマスコミは、原発事故に関しては政府関係の報道を基本的にただ無批判に流し続けていました。しかも、希望的観測ばかりが強調されました。時には、視聴者や読者の心情に訴えるような、悲劇の物語りや感動的な逸話（たとえば、「○△さんは、命もかえりみず、□◇さんたちのために……」など）が紹介されていましたが、事実や真実を淡々と情報として伝えるところが弱かったです。それこそ、身を危険にさらしてまでも真実を伝えようとする「報道魂」を感じさせるような取材報道が、少なかったのではないでしょうか（もしかして、そのような取材がなされていても、編集の段階でストップをかけられていたかもしれませんが）。

特に、繰り返し地震や津波などの映像を流し続けるテレビの報道姿勢は本当に酷かったです。悲惨な映像を被災者に何度も視聴させることは、いつまでも、かつ心に深く震災の悲惨を刻み込むようなものだからです。それこそ、そうした報道姿勢は、被災者の「心の病」を自ら生産させておきながら、「心の病」をどうするのか、「心のケア」が求められているなどといっているわけですから、まるで「マッチポンプ」の機能を露骨に働かせています。そんなわけで、私は日本のマスコミに頭にきてしまって、自分の意志を示すために、ついに二〇数年間続けていた新聞購読をやめてしまいました。

第三に研究者（専門家）です。原発事故の直後に、原子力の専門家と称する人たちが、「事態は収束する方向で進んでおり、心配はない」、という論調の解説をテレビや新聞で行っていました。水素爆発が起きたときも、「チェルノブイリの事故のようにレベル七にはならない」、「メルトダウンはしていない」と言い続けていました。それを信じていたのに、ドイツに到着してみると、ドイツのみならず、フランスやイギリスなどの欧米のマスコミは「メルトダウンを起こしている」と主張し続けていました。結局、日本でメルトダウンが報道されたのは、二ヵ月後の五月一二日でした。実際に、メルトダウンは、欧米のマスコミが指摘していたように、事故直後に起きていたわけですから、「電源回復」や「緊急冷却装置の復旧」で改善すると叫んでいた日本の専門家たちは、間違って語ったことに対する謝罪をいうとともに、どうして間違った判断をしてしまったのかを説明するべきでしょう。原発についての専門家は、専門的に知らない人たちに、正しい知識として信じさせようとしたのですから、重大な責任を担っていると思うのです。

もしかして、マスメディアに、そのように発言してくれるように依頼されて、専門家は謝礼をもらって語ったかもしれませんが、いかなる理由であれ、語った以上は同じ責任をもつべきでしょう。日本のマスコミは、十分にそのような仕掛けをやるものです。

話題は少しそれますが、その証左を自分の体験から語ることができます。数年前に、あるクイズ番組を作っているというプロジュースの方が、私に「学校で体罰は許されると主張してくれないか」ともちかけてこられました。あまりにも有名なクイズ番組なので、家族にも自慢できると思い、思わず誘惑に負けてしまいそうでしたが、学校教育法第一一条に体罰禁止が明記されていることを知りつつ、「お金」と名誉のために出演して虚偽を語るなどということは、良心がとがめたというか、道徳的感覚が働いたというか、とてもできないと思い、お断りしました。結局、そのクイズ番組で体罰問題は取りあげられませんでしたので、うまく企画が進まなかったのでしょう。いずれにせよ、この誘いを受けた体験から、番組を作るために、あらかじめ用意したコメントを語ってくれる専門家を探すという作業がある、ということを知ってしまいました。それだけに、テレビに出演している専門家は、必ずしも価値フリーの状態で論じるわけではなく、番組の企画をもり立てる歯車になりきっている、ということも疑いながらその発言を聞かなければならないでしょう。

そんなわけで、以前から専門家の発言は、いつも無批判に信じてはいけないと体験的に思うようになっていたわけです。しかし、今回の一連の原発事故については、専門家の発言は、無批判に信じてはいけないというレベルではなく、私のなかではほとんど信頼を失墜させるものになってしまいました（最近では、みんながみんな信頼できないわけではないという気持ちにさせてくれるような専門家もマスコミに出現するようになりましたが）。

（2）蔓延するおかしな風潮

そのうえ改めて、おかしな風潮が日本の現実社会に蔓延しているように感じるようになりました。それは主に四つです。

一つ目は「嘘」です。最近は、どうもどこの分野でも、公然と嘘をいう人たちが目立つようになりました。四半世紀以上も前に書かれたベック著『平気でうそをつく人たち―虚偽と邪悪の心理学―』という本がありましたが、私のまわりでも、つまり学者（研究者）の世界でも、その本で述べられている、「自分の非を絶対に認めず、自己正当化のためにうそをついて周囲を傷つける〝邪悪な人〟」は、あちこちで見かけるようになりました。したがって、政治の世界も例外でないのでしょう。特に、「依らしむべし、知らしむべからず」をモットーする日本の政治風土では、そのような政治家の出現もやむを得ないところでしょう。しかし、リーダー的な位置にいる人たちは、やはり平気で嘘を言ってはいけないでしょう。社会全体に欺瞞的な雰囲気が広がりますし、一度、そのような政治家が嘘をいうと、あとで正しいことをいってもぜんぜん人々の心に届かなくなってしまいます。

マスコミも、また専門家も同様です。確かに、その時点では、精一杯の判断であっても、あとで間違いが判明することもあるでしょう。そのときには、即刻、謝罪して、正しいことを伝えようとすべきでしょう。それこそ、孔子の言葉である「過ちては則ち改めるに憚ること勿れ」でよいわけです。どうして、責任ある地位の人や機関が、そんなに嘘で嘘を塗り固めるような態度、あるいは嘘を言っても「知らぬ顔の半兵衛」を決め込む態度を取るようになったのでしょうか。情けない限りです。もちろん、知りながら、データや情報を隠す行為も、この「嘘」と同類とみなせるでしょう。

二つ目は「経済至上主義」です。少しニュアンスが違いますが、露骨な表現をすれば、「拝金主義」という言葉でも、よいかと思うものです。

最近の価値基準をみていると、「経済」や「お金」が幅を効かせているように思えてなりません。たとえば、社会的な政策については、つねに経済成長が最優先されて語られます。原発もその落とし子の一つではないでしょうか。今回のような災害を含めて、何か被害が出ると、損失額がいくら、復旧費用がいくらというように、いつも金額が提示されます。小学校から、アメリカの影響を受けて、金融教育が開始されるようになりました。

もちろん、「経済」や「お金」というような価値は、実体化・数値化しやすく、また比較的実現しやすいために、社会生活を営む上でわかりやすい基準になります。それゆえ、金融の基礎的な仕組みを学習することも、将来を担う子どもたちの健全な育成にとって確かにきわめて大切です。その意味で、「経済」や「お金」というような価値は、全面的に否定されるものではありません。しかし、それらの価値が強調され過ぎると、「競争」や「利益」や「成果」が着目されるのとは対照的に、実体化・数値化しにくく、また比較的実現しにくい価値が軽視されることになります。たとえば、「善悪」を問題視する道徳や倫理などは、「道徳や倫理ではメシは食べられない」わけですから、口でいくら重要性が語られても、それらを軽視する雰囲気が実態としては醸成されてしまうのです。そんな状況も考慮しないで、ただ道徳教育の充実を叫ぶ人たちがいますが、それではますます道徳や倫理それ自体が、空虚なものとして子どもに受け取られてしまいます。目に見えないものに価値を見出すよき日本人の特徴が、失われるだけなのです。

三つ目は「木を見て森を見ず」です。つまり、物事の一部分や細部に気を取られて、全体あるいは物事の本質を見失うことです。

地震や津波の被害の実態についても、またそれの復旧についても、何かその局所的な部分が取りあげられていて、全体を見通す発想が不足しているように思われます。また、原発事故も同じです。たとえば、どこそこの場所がホットスポットで数値はいくらとか、どこそこのホウレン草の数値が基準値を超えたとか、その程度の数値ではただちに健康に影響がないとか、そういったような個々の事柄について、マスコミは詳細に伝えても、放射性物質は全体としてどのくらい大気中に事故の時に放出されたのか、あるいは、放射能汚染水は全体としてどのくらい放出されたのか、現在でもなおどのくらい漏れ続けているのかなどは、あまり語られませんでした。事故から数ヵ月経ってようやく、ある大学の専門家は、日本全土の空間放射線量マップを公表したり、また別の大学の専門家は、熱量からの計算では広島原爆の二九・六個分に相当するものが漏出していること、放射線障害を診る時には総量を問題にすることなど、全体的な視野で放射能問題が語られ始めただけでした。

四つ目は「心理主義」です。さまざまな問題の原因を個人の内面・心理に還元して解決を図ろうとする風潮です。わが国では、昭和時代の末期あたりから、この風潮が広がり始め、「心の闇」、「心の傷」、「心のケア」などの言葉が、「心とは何か」「心はモノなのか」などという根本的な問いを省いて、流行語のように人々のあいだに受け入れられてきました。何らかの災害や事故などの問題が生じると、あたりかまわず「心のケア」が叫ばれます。

今回の震災の時も同じでした。被災者の「心のケア」が、ただちにマスコミを通して叫ばれました。今回は、被災者という被害者だけが対象にされるばかりか、救援にあたった消防隊や自衛隊などの救援者も対象にされていました。「心のケア」は、決して悪いことではないわけですから、それに対する批判や非難の声は、まず聞こえてくることはありません。したがって、「心のケア」の活動は、それをよいことに限りなく増殖しやすいのです。

もちろん、「心のケア」の活動は大切ですが、それだけを強調する危うさも考えなければならないのではないでしょうか。被災者のなかには、「心のケア」というフィクションの世界のことではなく、リアルな現実生活をケアしてもらいたい人たちもいたでしょう。また、心だけを切り離すのではなく、体と心を一体としてケアしてもらいたい人もいたでしょう。その意味で、「体のケア」の力をもった医師や看護師などの医療関係者、さらには心身を総合的に扱う福祉士などによる「心のケア」は特に有益であったはずです。

さらには、心に着目するのは「心のケア」と同じで心理主義的なものですが、心だけでも元気にさせようとして、「がんばれ日本」、「がんばれ東北」などの励ますようなメッセージも多く発せられていました。しかし、震災からしばらくして被災者から、「がんばれ」という励ましは耳障りだと言われ出したように、被災者のなかには、いまがんばっているのに他人からいわれることに対して腹立たしさを覚えた人たちもいたでしょうし、肉親や知人を亡くして静かに悲しむ時間を十分に取りたかった人たちもいたはずです。

あまりにも「心理主義」が過多になると、さまざまな弊害が被災者に出現してしまうのです。なによりも、その悪影響は、現実の困難や難題を正しく見極め、解決に向けて未来を切り開いていくことよりも、それらをフィクションの世界に属する「悩み」にすり替えてしまい、それも「悩み」の解決ではなく、「悩み」の解消に神経をすり減らしてしまうことです。それで済めばよいでしょうが、さらに精神疾患に導かれてしまうことになれば、それはたまったものではありません。特に、被災者は、目に見えない放射能被害にも対峙する現実のなかで長く生きなければならないのですから。

五、日本の再発見

(1) 日本の地勢

ヨーロッパから飛行機で帰国するとき、いつも眼下を見ていて思うのは、日本の上空にくると、急に緑の豊かな大地が広がることです。それも単調な緑色ではないのです。自分が日本人だからひいき目にみているのかもしれませんが、それにしても、「豊か」という表現がみごとにあてはまる景色なのです。しかも、季節によってその色彩も変化します。そして、稜線もみごとなほど芸術的に見えます。和辻哲郎に従えば、日本は、砂漠地帯と牧場地帯ではなく、モンスーン地帯に属し、かつ熱帯的・寒帯的性格をあわせもつ特殊な風土であるわけですが、その簡潔な説明だけでは、とても納得がいかないくらいの景色に見えるのです。まるで、人間を超えた何かが、日本のかたちを作ったとしか思えないような気分になります。特に、異界の体験をしてきた今回は、格別な郷愁の思いで日本を上空から眺めていると、いつもとは違って、日本は単なる偶然でできたとはとても思えなくなりました。それゆえ、何かの「意味」というか、「深意」というか、あるいは「神意」といってもよいかもしれないが、何かがあって、このかたちになったのではないかと、ますます考えるようになりました。そのように考えはじめると、とても通常の科学では説明は成り立たなくなってしまいます。その思いを通常の科学に当てはめれば、非科学的言説という結論が即座に出てきて、その話題はそれで終結ということになってしまいます。

そこで、通常の科学を超えて、神話的な知の世界に少し入り込んだかたちで、ここでは日本のかたちとその意味の答えを「複眼的思考」で探ってみましょう。

かつて、日本のある宗教家は、「日本は世界の胎胞」と語ったことがあります。それによると、日本は五大島から成り立っているという前提のもとに、世界の地形は日本のそれと相似形をしており、九州はアフリカに、四国はオーストラリアに、北海道は北米に、台湾は南米に、本州はユーラシア大陸に相当するとともに、琵琶湖はカスピ海に、大阪湾は黒海に、津軽海峡はベーリング海峡に、伊勢湾はアラビア海に、能登半島はスカンジナビア半島に相当しているというのです。

この言説は、きわめてユニークな発想です。この深意の解明については、ここではこれ以上言及しませんが、その宗教家の主張したい大意を汲み取るとすれば、日本は世界のなかでも特別な土地になっているというのです。このような日本を特別視する主張は、確かに日本人だからといっているだけではないのか、という見方もあるでしょう。まさに、私が日本人だから日本の上空から日本の土地がすばらしくみえるのと同じではないか、と思われてしまうかもしれません。

しかし、このような日本を特別なものとして捉える主張は、欧米人にもみられることです。たとえば、シュタイナー学校の創始者で有名な、ドイツで活躍した神秘的哲学者シュタイナーも、実はそれと類似したことを主張しているのです。彼のその説明も、にわかに信じがたいどころか、驚嘆するようなものです。呆れかえる読者もいるかもしれません。とにかく、彼の主張にしばらくおつき合いいただきます。

シュタイナーによると、地球はもともと球体であったわけではなく、四面体であったというのです。四面体について説明すると、底辺の三角形の上に、三つの三角形がピラミッドのように立ったものです（図1）。このそれぞれの三角形の平面を少し歪曲させると、丸くなった四面体ができます（図2）。これを地球と見なし、平面図で描いてみます（図3）。すると、南極からコーカサスに線があります。また、南極からコリマにも線があります。そして、コリマから、スイスを抜けてコーカサスまで線があります。これらの三角形を底面と考えて、頂点を考えてみるのです。その頂点こそが日本です。彼によると、これが元々の地球のかたちなのです。これらの線を追っていくと、火山があることになっています。つまり、頂点に位置する日本に、三つの地点から線が向かうことになっているのです。彼によると、その四面体を四つの三角形で貼り合わせてつくると、それら線の部分が火山地帯にあたります。つ

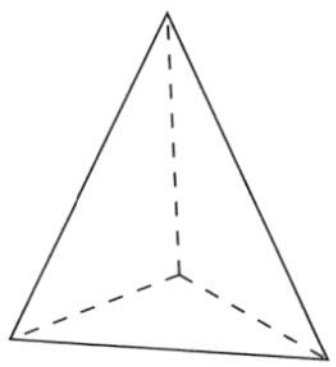

図1

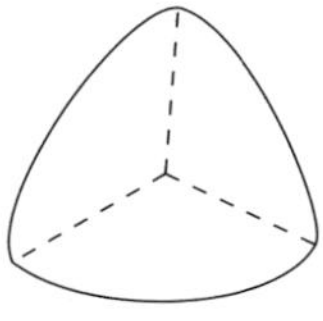

図2

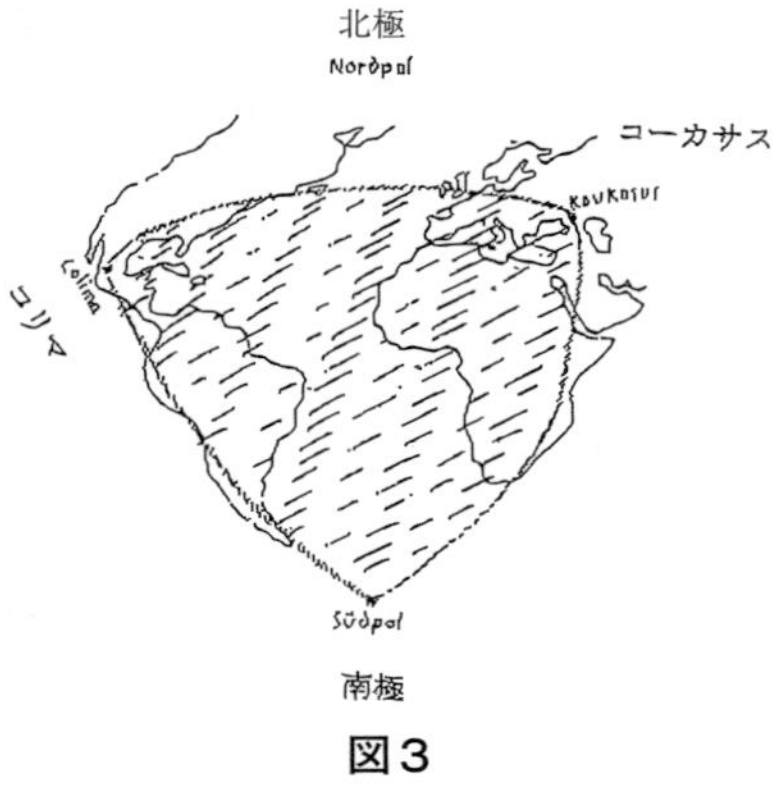

図3

まり、その貼り合わせの部分が火山として噴火するというのです。そのような噴火は地球の内部から働きかけられるものではなく、太陽に対する星の位置関係で決まるといいます。

このように、シュタイナーは、日本を地球の頂点に位置する場所とみなし、日本を特別視する主張をしていたのです。この説に基づくならば、日本は火山の噴火の多い地域となる、さらにいえば、日本は地震の多い地域となる、と彼は示唆していたということになるのです。

ちなみに、シュタイナーは、輪廻転生の思想をもっていて、地震で亡くなった人たちは、次の人生で精神的で敬虔な人間に生まれ変わると述べています。また、シュタイナーによれば、亡くなった人は、物質ははかないが、精神は強い、ということを学び取ったというのです。どこまで信用してよいのかわかりませんが、とりあえず、記しておきます。

(2) 日本文化と日本人の特徴

日本人の特徴については、さまざまな人がいろいろなことをいっています。

たとえば、和辻は、日本のモンスーン地域の特徴から日本人を「受容的・忍従的な存在の二重性格」、さらには「熱帯的・寒帯的・季節的・突発的というごとき特殊な二重性格」などと特徴づけています。

先に取りあげたシュタイナーは、東南アジアには一万年前から人間が住んでいたと考え、日本人を、モンゴル人と中国人とともに、最古の地上の住人の末裔と見なしています。彼によると、アトランティス大陸にもっと古くから地球の住民は住んでいましたが、彼らはその大陸とともに滅亡してしまったといいます。したがって、日本人や中国人以上に古い文化には、現在の表面的な科学は到達しえないということになります。

シュタイナーによると、日本と違って、中国の文化は無宗教になっているといいます。それゆえに、中国人には最初から神々がいませんでした。中国人たちは、のちにインドから神々を受け取っただけです。それに対して、日本人は、中国人と違ってすっかりヨーロッパの文化を受け入れ、それを模倣し、そしてヨーロッパ化してしまったといいます。そして、自らの古い文化は表面にとどまっているだけだというのです。

この日本のヨーロッパ化については、シュタイナーはどこを見ているのか、と反論したくなります。彼は、日本の時代にあてはめれば、明治期と大正期に生きた人物です。しかも、ヨーロッパ圏から外に出かけたことが一度もありませんし、多くの日本人と交流した経験ももっていません。したがって、彼はいかなる根拠に基づいて主張しているのか、はなはだ疑問が湧いてくるところですが、最古の地上の住人の末裔として、日本人をモンゴル人や中国人とともに認めながらも、たとえおかしな見方であっても、それらの人々とは区別しようとしていることだけは窺えるのです。その意味でも、彼は日本ないしは日本人について、何らかのこだわりをもちながら特別視しているのです。

さらに、日本ないしは日本文化に対する特別視に関しては、アメリカ人の政治学者ハンチントンの区別が広く知られています。彼は、著書『文明の衝突』のなかで、世界の文明を中華文明、ヒンドゥー文明、イスラム文明、日本文明、ロシア正教会文明、西欧文明、ラテンアメリカ文明、アフリカ文明に分類しました。そこでは、日本文明は、東亜中華文化圏の端にくっついた小島として中華文明に組み入れられないばかりか、多くの国にまたがる他の文明と異なって、唯一一国だけの文明として分類されています。ハンチントンにあっては、日本の文化や日本人は、何らかの独自性を有しているというのです。

このように、ここでは数名の言説を簡単に提示しただけですが、日本人だけが日本の独自性を自民族主義の立場から主張しているわけではなく、その独自性ないしは特殊性については、日本人はいうに及ばず、さまざまな外国人たちがその時代や社会において指摘しているところです。たとえば、ここ一〇〇年以内の学問的なものをあげるとすれば、比較文化論としては、有名なところでルース・ベネディクトの『菊と刀』、あるいはイザヤ・ベンダサンの『日本人とユダヤ人』、古いところでは明治時代のバジル・ホール・チェンバレンの『日本事物誌』、日本文化論としては、司馬遼太郎、ドナルド・キーンの『日本と日本人』、土井健郎の『「甘え」の構造』、さらには日本社会の構造を分析した『タテ社会の人間関係』などというように、あげれば枚挙に暇がないぐらい著作が出版されてきました。さらに歴史を遡って日本を特殊なところとして紹介しているものをあげるならば、あの有名なマルコ・ポーロの『東方見聞録』をはじめ、江戸の元禄時代のころを記した医師・博物学者エンゲルベルト・ケンペルの『日本誌』、江戸末期の頃を記した医学者ヨハネス・レイディウス・カタリヌス・ポンペの『ポンペ日本滞在見聞記』なども、その事例になるでしょう。もちろん、これらの著者の指摘に関しても、著者自身の認識不足や明らかな誤りというところもあれば、なんらかの意図が記述内容に隠されているところもあるかもしれませんが、これらの著作の存在からも、とにかく日本の文化や日本人には、独自性ないしは特殊性を意識させる何かが備わっていると以前から思われていたことだけは、見て取れるのではないでしょうか。

六、日本の再出発

(1) 日本の長所と短所

日本の歴史を遡ってみると、時代的なターニングポイントが何回もあったことに気づかされます。何をターニングポイントと見なすかは、論者によって、あるいはその視点によって異なります。したがって、時代区分も論者によって違ってきます。そのうえ、現在この世に生きている論者は、自分の知っている出来事のなかから、そのターニングポイントを近視眼的にあげてしまう傾向にあります。

その意味からすれば、私も同じように近視眼的にあげてしまう失敗をするかもしれませんが、二〇一一年三月一一日の東日本大震災と原発事故は、日本の歴史にとって日本人の生き方を変える時代的なターニングポイントになるのではないでしょうか。また、この災害を未来への再出発にしなければ、先の日本はないような気がします。なぜならば、通常の科学の視点を超えて、スピリチュアル的にいえば、このような悲惨な現象が、意味もなく偶然に日本で起きるということなど、考えられないからです。したがって、これを「天罰」という発言をして非難を浴びた政治家がおられましたが、この言葉は、ある重要な部分の側面を言い当てたものでした。しかし、ここは、「天罰」というように「罰」と受け取るのではなく、日本ないしは日本人にとっての未来への大きな警鐘、さらにはチャンスというぐらいのつもりで受け取ってもよいのではないでしょうか。松下幸之助も、「困難は発展の契機」といっていました。

八百万の神のいるといわれる日本には、そのような大きな「罰」を与えるような恐ろしい神は、いないように思えるのです。この悲惨な現象をどうしても「罰」のように一言で端的に表現したいのであれば、的確には言い得ていませんが、私は、日本ないしは日本人全体にとっては、むしろ社会的な「禊ぎ」という言葉のほうが、「罰」よりはまだしっくりいくような気がしています。いうまでもなく、「禊ぎ」は、後ろにもどってやり直すのではなく、前に進むための「生まれ変わり」という意味内容を含んでいます。その意味でも、悲惨な出来事は、何としても、日本ないしは日本人全体の再出発にしなければならないのです。

しかし、そのような「禊ぎ」という言葉を持ち出して何とか自分で納得しようとしても、これから先に生じるであろう放射能被曝の影響による病死や生活苦の問題を視野の外に置いて、ただ現在までの人的物的被害を想像してみただけでも、言葉による表現では語れない辛さと情けなさは、今のところ小さな被害しか受けていない私でも禁じ得ない状況です。ましてや、大切な家族や知人・仲間を失われた方は、いうまでもないことでしょう。さらにいえば、まだまだこの世でやりたかったこともできないまま、突然にいのちを奪われることになった人たちの無念さは、とても言葉で語れるものではないでしょう。特に、教師の指示に従って学校のグランドで素直に整列していたにもかかわらず津波に襲われた小学生たちをはじめ、これまで育ててくれたお父さんやお母さんに「さようなら」もいえず、現前の事態を呑み込めないまま苦しみと痛みのなかでこの世を去らなければならなかった、園児を含めた五〇〇名あまりの子どもたちの無念さは、とても筆舌に尽くせるものではありません。それだけに、とりわけ犠牲になられた御霊（御魂）の供養のためにも、繰り返しになりますが、何としてもこの悲惨な出来事を、日本ないしは日本人全体の再出発、さらにはチャンスに変えていかなければならないでしょう。

そこで、再出発やチャンスにするには、何よりもまず「祓い清める」意味で、政治や経済のシステムを含めた従来の日本の在り方として、そして日本人一人ひとりの生き方として、汚い部分というか、悪の部分というか、短所の部分というか、そういうようなものを消滅させようとするのではなく、あくまでも共存しつつもできるだけ減らし、その反対に綺麗な部分、善の部分、長所の部分をできるだけ増やすことが最初の一歩です。その際に、政治や経済のシステムを含めた従来の日本の在り方を先に改善すべきか、あるいは、日本人一人ひとりの生き方を先に改善すべきか、という議論があります。両者の問題はいろいろと複雑にかかわっています。そのために、両方とも同時並行的に進められなければならないのでしょうが、即効性という点では弱くても、人間の生き方の改善がなされない限り、政治や経済などの社会システムの改善は永続性をもたないでしょう。なぜならば、社会を改善できるだけの人間が持続的に社会に輩出されなければ、社会の改善は持続されないからです。したがって、日本の在り方を改善するには、遅々としてはかどらない作業であっても、日本人の生き方の改善が避けて通れないのです。

そこで、そもそも日本人とはどのような特徴をもっているのか、日本人の長所と短所は何なのか、という日本人の理解が問題になります。それに関しては、先に述べたように、日本人についてはいろいろな定義づけや性格づけがあります。そのうえ、日本人の長所と短所については、何よりも専門性に関係なく、これまで多くの研究者や文化人たちが解説・解釈してきました。

しかし、この点についても、日本の時代区分と同様に、一義的な解釈は不可能です。さまざまな論者は、これまで多種多様な視点から特徴づけようとしました。一般によくいわれる特徴を羅列すれば、たとえば、長所としては、勤勉、羞恥心、求道心、利他心、謙虚さ、奥ゆかしさ、忍耐強さ、礼儀、連帯感、美意識、自制心、完璧主義、清潔さなどですし、短所としては、臆病、非合理性、群れ意識、排他性、無責任、場当たり的、誇張拡大、依存心、陰湿さなどです。もちろん、これらの特徴としての長所と短所は表裏一体ですし、性差や地域差や時代などによって異なりますし、何よりも一人ひとり違うものです。したがって、ここでは、厳密にとらえるのではなく、あくまでも日本人の生き方を再考するうえでの道標的な特徴をあげていると考えておいてください。

ただし、ここでいう日本人は、かなり広い意味で使用しています。日本国籍をもたない人は日本人ではない、などというような狭い意味ではありません。たとえば、日本に一定期間住めば日本人ですというぐらいの、広い意味で日本人という言葉を使用しています。

(2)「なでしこジャパン」に注目する意味

大震災以降、日本にとって明るいニュースは特にありませんでした。そうしたなかにあって、大多数の日本人が認めるように、女子ワールドカップの「なでしこジャパン」の優勝はきわだって明るい話題でした。ここでは、この奇跡的な優勝から、日本の再出発の手がかりを導き出そうと思います。その際に、本書の性格からいって普通一般的には、試合展開の分析や選手の技術などの専門的な部分についてはその専門家にお任せするところですが、あえてここでは、素人的な私の主観的な見解を厚かましく入れながら説明します。したがって、専門的な視点からみれば明らかに誤った見方、マスコミとは違った見方、そして「なでしこジャパン」のファンの皆さんからみれば怒りたくなる解釈・解説が混在することになりますが、その点についてはどうぞ寛容な気持ちでお許しいただき、しばらくこの話題におつき合いください。

そこで、いきなりとんでもないことを言い出しますが、「なでしこジャパン」の優勝は選手の実力からしてあり得ないことで、それがあり得たということは奇跡以外の何物でもないでしょう。したがって、次回以降のワールドカップの優勝は当分の間あり得ませんし、次回のオリンピックでも、優勝はもちろんのこと、メダル獲得もあり得ないでしょう。悲観的な見通しを示して申しわけありませんが、現実の実力は、ワールドカップの予選リーグを勝ち抜くのが精一杯程度だと思います。それならば、どうして現実に優勝したのだ、と抗議の声がすぐにでも聞こえてきそうですが、その程度の実力でもって優勝したのですから、私は奇跡だといわざるを得ないのです。

では、その奇跡がどういうような状況のなかで起きたのでしょうか。そこを問題にしたいのです。

「なでしこジャパン」は、一年前の北京オリンピックで四位でメダルを逃がしていたものですから、今回のワールドカップでは、最低でもメダル（三位）、できれば優勝ということで、日本にいるときから、少し大きく出て、「優勝をめざす」と選手たちは異口同音にいっていました。二〇一一年三月のＦＩＦＡランキングは四位でした。それに対して、私は、四位というのは少し甘い評価であって、実力的には五位から一〇位くらいかなとみていましたので、予選リーグを二位以内で勝ち抜いてベスト八位になれば、よしとしなければならないと思っていました。というのは、アジアで出場できる国の枠は三つで、日本は一位のオーストラリア、二位の北朝鮮に次いで、三位決定戦で中国に勝って通過しただけだったからです。つまり、アジアという決してレベルの高くない地域で三位だったわけですから、世界で三位とか、四位というのは、どう考えてみてもあまりにも言い過ぎなわけです。二年前のオリンピックで四位というのも、くじ運によるところが大きいのです。なぜならば、予選リーグを一勝一敗一引き分けの得失点差でぎりぎり決勝トーナメントに出場した日本が、開催国のために最も弱いリーグを勝ち抜いてきた中国に対戦して勝ったものの、準決勝および三位決定戦では当然のように負けて四位になったに過ぎないからです（でも、試合後に、日本チームは「ＡＲＩＧＡＴＯ　謝謝　ＣＨＩＮＡ」と書かれた横断幕を広げ、深々とおじぎしていたのは印象的なシーンでした）。

実際に、二〇一一年のワールドカップでも、日本は予選リーグでイングランドに敗れ、二位で通過したわけですから、決勝トーナメントに残ったベスト八ヵ国のなかでは、一位通過できなかった弱い四ヵ国の側に属していました。弱い四ヵ国は、別の予選リーグを一位で通過してきたチームと対戦することになっていました。日本は、よりにもよって、二〇一一年三月のＦＩＦＡランキング二位で、過去の二〇〇三年と二〇〇五年のワールドカップで優勝した、開催国ドイツと対戦することになりました。客観的にみれば、誰もが勝てないと思うでしょう。私もその例外ではありませんでした。おそらく、ドイツチームも絶対に負けるはずがないと思っていたでしょう。何しろ、ドイツの女子サッカーチームは、最近のヨーロッパ女子選手権で、一九九五年からつねに優勝を果たしてきたわけで、ヨーロッパでは敵がいない状態でした。したがって、イングランドにも勝てない日本に負けるはずがない、とドイツチームが思うのは至極当然でしょう。多くのドイツ人もそう思ったと思います。体格的にも、圧倒的な差があるのですから。

ところが、試合が始まってみると、いくらドイツが攻めても、前半は得点をあげられませんでした。そして後半になってすぐに得点を取れなかった時点で、ドイツもやばいと思って気合いを入れ直したと思われますが、その試合の均衡関係を破れず九〇分が過ぎてしまいました。日本が、一致団結して守り抜いたのです。サッカーというスポーツは、得点があまり入らないために、バスケットボールやハンドボールのようには、実力がそのまま得点差に現れないということがしばしば起きます。この日本とドイツの試合は、まさにそれでした。もし、それこそ、柔道のように優勢か否かの判定勝ちがあったならば、間違いなく誰もがドイツの勝利を認めたでしょう。そのような試合内容でした。

しかし、サッカーには判定勝ちはありません。トーナメント戦では、普通一般に、PK戦で決着が図られるか、そこに至るまでに延長戦が行われたりします。ワールドカップでは、一五分ハーフの三〇分の延長戦が行われることになっていました。延長の前半が終わっても、日本がみんなで走り回って守り続け、得点は〇対〇で動きませんでした。そうなると、あと一五分の試合が残るだけとなりました。PK戦というのは、ラグビーの抽選と同じように、実力差が反映するものではありません。それどころか、実力差が出ないので、判定勝ちがあれば勝利していた側の優勢な側のチームが、かえって心的に追い込まれ、しばしば負けてしまいます。それに対して、判定勝ちにあれば負けていた側のチームは、野球のように試合が延長されるならば、実力差が最後には出てきてしまって負けていた可能性が高いわけですから、ある意味では（制限）時間に救われたということになります。それだけに、弱いチームのほうが、以外とリラックスしてPK戦に挑むことができ、ダメ元で思いっきりやれるものです。それだから、ドイツはなんとしても残り時間の一五分で試合を勝利したかったはずです。それで、前がかりになってドイツが攻めようとしたとき、日本がボールを獲得し、逆襲で後半三分に得点したのです。

サッカーの場合、最も得点になりやすいケースはフリーキックからですが、次になりやすいケースが、逆襲からです。したがって、逆襲は怖いので、守備陣を薄くしてまで、つまり危険を冒してまで、優勢なチームもなかなか攻めきれないのです。しかし、ＰＫ戦が迫ってきた以上、ドイツも少し危険でもチャレンジをせざる得ない状況まで追い込まれたのです。その隙を、ドイツはものの見事に突かれたわけで、日本はものの見事に突いたのです。ドイツも、残り一〇分あまりの試合を必死でがんばったのですが、サッカーの場合、得点が入らないときは本当に入らないものですから、別の言い方をすれば、守りを固められたら、なかなか得点が入りませんから、疲れ切ってしまったドイツは焦りもあって得点できなかったのです。そんなわけで、この試合を日本が勝ったこと自体が、すでに大番狂わせで、奇跡的な出来事だったといえるでしょう。

次の準決勝はスウェーデンでした。結果は三対一でした。日本のマスコミは、圧勝したような報道でした。しかし、点数差ほど、実力差はありませんでした。中身はほとんど互角でした。ＦＩＦＡランキングについても、日本の四位に対して、スウェーデンは五位です。実際に、その試合のボールキープ率をみても、日本が約六〇％で少し優位に立っていましたが、短いパス回しで後ろから繋いでいたので、数字的に高くなっているのです。もちろん、ドイツ戦のように押し込まれてはいませんでしたが、両チームにとって同じくらいチャンスもピンチもありました。点数だけみれば、圧勝のようですが、実際の試合内容は互角でした。実際の得点シーンをみても、スウェーデンが得点したのも日本のちょっとしたミスから派生したものですし、日本の得点も、相手の守りのミス、特にゴールキーパーの連続判断ミスによるところのものではなかったでしょうか。実際の試合には「仮に」というようなことは考えるべきでないかもしれませんが、もしそれらのミスがなく順当に事が進んでいたならば、九〇分間で決着がつかないで、延長戦で日本が勝ったぐらいではないかと思うのです。

試合経過をもう少し詳しくみると、スウェーデンが前半の一二分に先取点を取りました。その場面は、日本が攻めあぐねて、不用意なバックパスをしたときにインターセプトされ、そのまま失点につながったものです。その不用意なパスをした選手は、いまの「なでしこジャパン」の中心的選手である澤選手でした。マスコミは、彼女のこのバックパスについては試合中も試合後もほとんど口をつぐんでいましたが、試合後のインタビューでも彼女自身は潔くミスを認めるとともに、他の選手もそれを承知していました。無機的な機械ならば、中心的な歯車が狂ったのですから、全体的な機械も壊れてしまうことでしょう。しかし、有機的な人間で構成されたチームは、その気持ちの持ち方次第で、まったく違った結果を導くものです。

他の選手たちにとっては、澤選手は、技術や戦術だけでなく、自分たちをここまで引っ張ってきた精神的支柱でもありました。家族関係に喩えれば、一家を中心的に担う父親と母親とがいっしょになったような存在が澤選手だったのではないでしょうか。その偉大な存在の選手が重要なところでミスしてしまったわけですが、試合後に他のある選手がインタビューで語っていたように、他の選手が澤選手のミスを帳消しにしようとがんばりました。先ほどの家族に喩えれば、子どもたちが今こそ親孝行するときだと思ったのではないでしょうか。また、澤選手本人も、試合後にインタビューで語っていたように、こんなことであきらめないと思って、何としてもミスを取り返そうとしたそうです。

すぐに、その結果は出ました。それからわずか八分後、澤選手がまったくかかわらない展開で、日本が得点を取って、同点に追いつくのです。喩えれば、子どもの親孝行のシーンです。そして後半に入って、ゴールキーパーがセンターリングをうまく処理できなくて、こぼしたボールを澤選手がヘッドでねじ込んだのです。こぼれるボールを予期してそこでポジショニングしていたこともあるでしょうが、計ったように澤選手の頭の上にボールが来る不思議さも何ともいえない現象でした。いずれにせよ、このプレーで澤選手は自分のミスを帳消しにできて、日本が優位に立ったのです。そうなると、あせって前がかりになって攻めようとした五分後、スウェーデンのバックラインの裏に出たボールをゴールキーパーがクリアーミスをしてしまい、それをきっちり日本は得点に結びつけて勝利したのでした。

続いて決勝戦では、多くの人が何度もテレビでみたように、日本は、アメリカに押され、先取点を取られるものの追いつき、また延長戦で引き離されるもまた追いつき、最後にPK戦で優勝したのです。まさに、ドイツ開催の女子ワールドカップは、奇跡が起きたというしか、表現のしようのない日本の優勝でした。

このようなあり得ない奇跡の現象は、通常の科学の視点を超えて、スピリチュアル的にいえば、偶然に起きるのではなく、意味があって起きていることになります。また、未曾有の大震災もあり得ないようなことですから、同じく意味もなく起きているはずはないと考えられます。その仮説的前提に立つならば、同じ年に生じた、この二つの悲しみと喜びの事件を関係的にとらえてみては、どうでしょうか。何か、震災後の日本再生にむけて、「なでしこジャパン」の奇跡から、人間の生き方について学ぶことができるのではないでしょうか。特に、日本人が忘れがちなものを。

(3)「なでしこジャパン」の奇跡から学ぼう

私には、「なでしこジャパン」の奇跡のなかに、震災後の日本再生にとって有益なヒント、つまりこれからの日本人にとって学ぶべきものとして、とりあえず、五点が紡げるように思えるのですが、どうでしょうか。

一つは、「志」をもつということです。「志」という言葉が重たければ、「目標」という言葉でもよいでしょう。または、「的」という言葉でもかまわないでしょう。

「なでしこジャパン」は、客観的にみれば無理にみえても、「優勝するんだ」という目標をかかげていました。そのために、苦しいときにも、「あきらめない」という気持ちを大切にしていたように思います。そこには、日本人の長所としていわれている忍耐強さが反映しているのではないでしょうか。

二つ目は、「感謝の念」をもつということです。もう少し重たくいえば、「畏敬の念」ともいえるかもしれません。そこには、日本人の長所としていわれている礼儀のよさや謙虚さ、そして利他心などが反映しているのではないでしょうか。

日本チームは、試合後はサポーターのみならず、一般の観衆に対して必ずみんなで感謝の意を示す意味でお辞儀をします。ワールドカップの二年前の北京オリンピックでも、試合中にブーイングを日本に浴びせていた中国人の観衆に対しても、「ARIGATO　謝謝　CHINA」と書かれた横断幕を広げ、深々とお辞儀をしていました。また、インタビューなどでも、しばしばチーム仲間への感謝の言葉が発せられます。特に、レギュラー選手は、控えのサブ選手、あるいはこれまで支えてくれた家族やさまざまな関係者に感謝の念を表します。

三つ目は、「共同体的な連帯感」です。あるいは、「家族的な連帯感」といってもよいかもしれません。一言でいえば、「絆」でしょう。そこには、日本人の長所としていわれている連帯感が反映しているのではないでしょうか。

体格的にとても勝てない欧米選手のチームに対して、日本チームは短いパスを多用して、大きな壁のような選手の集団に立ち向かいます。一対一ではとても勝てない場合に、仲間で連帯して対抗します。また、ボールを取りに行くときも、一人が行けば、それに協力して他の人が動き出し、敵にプレッシャーをかけます。その結果、巧みにボールを取ったり、取れなくても、相手を焦らせることによって小さなミスを誘い出します。スウェーデン戦のように、中心選手がミスをしても、連帯してみんながあきらめない気持ちでがんばっていました。そこには、自分勝手な個人主義とは縁の遠い、共同体的、あるいは家族的な連帯感があったように感じます。

四つ目は、「気品」や「品性」などという「品」です。「誠実さ」という言葉もそれに近いと思います。そこには、日本人の長所としていわれている羞恥心、奥深しさ、美意識などが反映しているのではないでしょうか。

日本チームは、とにかく反則をあまりしません。特に、サッカーの場合、勝つためには、あるいは得点にからむようなときには、かなり汚い反則がなされるのですが、日本チームはそれほど汚い反則をしません。したがって、今回のワールドカップでも、フェアープレー賞は日本に与えられたのです。優勝してフェアープレー賞を取った国は、一九九一年以降のワールドカップで一度もありません。それもすごい快挙なのです。それだから、敵チームの選手も、またそのサポーターたちも、日本に負けて悔しくても（特にドイツやアメリカのように、明らかに実力が上なのに勝負に負けてしまって泣きたいくらい悔しくても）、それほど批判めいた発言をしないのです。この点は、世界国中の人々が認めるところでしょう。

五つ目は、なにか目にはみえないものに「加護されていた」あるいは「見守られていた」、さらにいえば「祈られていた」ということです。結果的にみれば、「運をもっていた」ということも可能ではないでしょうか。さらにいえば、「不思議な力」が働いていたようにも思われます。

今回のワールドカップでは、実力的には、アメリカとドイツとブラジルが抜けていました。その次にどんぐりの背比べのように、いくつかの国々の力が伯仲していました。そのときに、昨年のアジアの大会で好成績を残していた日本が高く評価され、二〇一一年三月のＦＩＦＡランキングで、五位から四位に上がりました。そのために、四組の予選リーグの組み分けで、日本は第一シード国の仲間に入れてもらえることになり、予選では三つの強豪国とは対戦しないで済むことになりました。つまり、くじ運に恵まれていました。そのうえで、試合中に、丸いボールが思わずうまいところにこぼれてきたり、あるいは敵チームのシュートはバーやポストに当たっても、ことごとく得点にならなかったり、いろいろと運に恵まれたことというか、不思議な加護が起こっていたように思われます。

そうした点については、最後のアメリカとの決勝戦は象徴的だったように思われます。あの感激した決勝戦を振り返ってみましょう。長くなりついでに、もう少し、この話題におつき合いください。

さすがに前評判通り、アメリカは強く、アメリカと日本との実力差はいかんともしがたい状況でしたが、今回の「なでしこジャパン」の試合運びは、得点で先行を許しても、選手たちの優勝に向けての「あきらめない心」とともに、連帯的なパスワークと運動量で相手にプレッシャーをかけ続け、追加点を奪われることなく、追い越しはできないものの、時間間際になんとか追いつくという苦しい展開で、PK戦に持ち込んだものでした。

追い付くところには、決めた「目標」を達成しようとする強い「志」の姿勢が垣間見られました。

また、強い相手に対しては一丸となって動き回り、そして相互のパスを多用するところには、日本選手の共同体的な連帯で立ち向かう姿勢がみられました。特に、相手のボールやこぼれたボールを奪いに行くときに、一人の奪いに行く選手の動きに合わせて、盛んに他の選手も連帯して動いていました。もちろん、体力は消耗しますが、体格で劣る日本チームは、同じ動きでは勝負になりませんから、そこでがんばって勝機を探すしかないのです。その試合でも、後半の残り時間一〇分あまりというところで日本が追いつくのですが、それまでの日本のしつこいマークで疲れていたのか、アメリカ選手が気力を失ったかのようなパスミスをするのです。それにつけ込んで日本チームがゴール前に攻め込むのですが、落ち着いてアメリカの選手が、確実に外にクリアーしておけば何の問題もないのに、焦ってあろうことか内側にボールを蹴り、そのボールを放っておけば外に出るものを、また別のアメリカ選手が内側に足で入れてしまうのです。アメリカ選手同士二人が、おかしなプレーをしたのです。その後、不思議なことに、そのボールが宮前選手の前に転がり、宮前選手が落ち着いてゴールを決めたのでした。では、どうしてアメリカ選手が、そんな愚かなミスを大事な場面でしてしまったのでしょうか。おそらく、平常心でプレーできないようなところまで、日本選手の連帯的な動きに追い込まれていたのではないでしょうか。そうでなければ、一流の選手があのようなおかしなプレーをするわけがないからです。

同じような場面は、延長戦であと数分で終了というところでも出現していました。コーナーキックのチャンスに、キッカーの宮前選手と澤選手が打ち合わせたプレーを実行して、ゴールが生まれたところです。みごとな芸術的プレーが実を結んだ場面でしたが、実は、あのコーナーキックになる前の場面を思い出してください。もし、ビデオがあれば見てください。日本がゴール前に攻め込んで、アメリカが必死になって防戦しました。しかし、最終局面では、場所はゴールの直前でしたが、アメリカ選手がまったくのフリーの状態で、ゴール前で落ち着いて普通にクリアーをしていれば、コーナーキックの場面は絶対に訪れませんでした。最後に、アメリカにとっては、とんでもないミスが起きて、結果的に失点が生まれるのですが、この場面も、とても一流選手がやるプレーではありません。日本のしつこい連帯的なプレーに、よほど心的な圧力がかかっていたのでしょう。

また、連帯的なことでいえば、監督と選手の「絆」もみごとでした。日本が延長戦で追いついて、あと数分でＰＫ戦という場面が近づいていました。実力差からみて、日本がアメリカに勝利するには、とにかく試合は引き分けに持ち込んで、ＰＫ戦にかけるという方法しか、戦術としてはなかったように思われました。監督もそう踏んだのでしょう。同点に追いついた二分後、監督は選手交代をさせました。その意図は、ＰＫ戦に持ち込むための時間稼ぎでした。その作戦の動機は、監督の采配としては、冷静で、正しいものでした。しかし、結果的には、集中していた試合が止まって、間ができてしまったことで、少し緊張が緩み、日本選手の動きが一瞬鈍くなりました。その隙をアメリカがつけ込み、長いパスがペナルティエリアの中央につながりました。アメリカ選手が日本選手を振り切ってペナルティーエリアの中に入ろうとした瞬間、岩清水選手が背水のタックルをかけました。ここで止めなければ、たぶんアメリカ選手が得点を決めたでしょう。そのくらいの場面でしたから、主審は岩清水選手を退場処分にしました。しかし、あの場面では、退場という犠牲を払ってでも、あのタックルしか、チームのために打開する方法はありませんでした。ペナルティーエリアの中に入る直前に、躊躇なく、あのタックルに出た判断はみごとでした。それによって、結果的には監督の采配ミスになりかけた場面が、選手の犠牲的なプレーで救われたのです。そのあとは、反則によるフリーキックのピンチを、残った一〇人の選手で守り、その後の数分間を、一人少ない選手たちが守りきったのです。そこでの連帯感もみごとなものでした。

そのような状態でPK戦がはじまったわけですから、勝負はなんとなく見え始めていました。日本の監督は、PK戦の前に組んだサークルのなかで笑顔を見せていました。監督は、自分のミスになりかけたことも、選手みんなが力を合わせて引き分けにもってきてくれたのですから、自分たちへの勝利の流れを感じていたでしょう。また、選手同士も、試合中にお互いのミスを責めることなく、みんなでミスを補い合って、心を一つして強豪相手に決勝戦のPK戦まで持ち込んだのですから、後悔もそれほどないでしょう。それに比べて、アメリカ選手は、かなり追い込まれていたのではないでしょうか。結果的に、三人も続けてペナルティーキックを外すなど、一流選手の集まりのサッカーでは、あり得ない事態が生じたのですから。やはり、強豪国相手に対して、一人ひとりの実力はたとえ弱くても、それぞれのもっている力を最大限発揮させた日本チームの姿は、共同体的な連帯感の強さを物語っていたように思われます。

連帯感の話題が長くなりましたが、「品」についても、退場もあり、警告もアメリカ以上にありましたが、汚いという反則はなかったように思われます。パワーで押されるなかにあって、しかたがない反則があっただけでした。実は、ドイツ戦でも、同じように押されるので、警告の反則もドイツよりもはるかに多かったです。しかし、そこでも、汚いという反則はありませんでした。だからこそ、日本は、全試合を通して、フェアープレー賞を獲得したのですから。

卑怯な反則をしない「品」というか、「品性」は、決勝戦でも貫かれていました。

試合後のインタビューは、鮫島選手が「ここに立てるのはわたしにかかわってくださったすべての人のおかげなので、心から感謝したいです」、海堀選手は「夢見たところ、世界一になれたので、自分にかかわってくれた人に感謝でいっぱいです」、安藤選手は「(この優勝は)先輩たちが築き上げてきてくれたおかげだと思います」と、さまざまな感謝の気持ちを示していました。また、宮間選手は、「自分は米国代表にも友人が多く、敬意を表さないといけないので、表彰式も落ち着いていました」と発言し、相手への「畏敬の念」を示していました。この決勝戦でも、「感謝の念」や「畏敬の念」というようなものが溢れていたように思われます。

前述したように、ボールが不思議なところに転ぶという場面がありました。また、不思議なほど、前半戦でシュートが外れました。一歩間違えば、前半戦で、スコアーが三対〇になっていても不思議ではないくらいでした。つまり、アメリカが圧勝していてもおかしくありませんでした。それなのに、何かに取り憑かれたように、ことごとくシュートは外れるという、不思議な現象が起きていました。目に見えない何か不思議な力が働いているようにしか、私には見えませんでした。

その原因は何だろうか。もちろん、従来の科学では説明がつかないものです。ここでも、科学の枠を超えて話を進めることにしましょう。

日本が勝ち進むことに、世界各国の人々は違和感をもっていなかったように思われます。むしろ、勝ち進むことを世界中の人々が願って祈ってくれていたのではないでしょうか。もちろん、大震災の被害国に対しての「同情の念」が何よりもそうさせたのでしょう。さらには、小さな体格の「なでしこジャパン」の選手が、運動量と技術を駆使して真摯に大きい相手に立ち向かっている健気な姿をみて、世界各国の人々はよりいっそう日本の勝利を願ってくれたのではないでしょうか。決勝戦でも、開催国のドイツ人たちをはじめ、世界中の多くの人々が日本の優勝を願ってくれていました。外国のメディアでも、そのような趣旨の情報が流されていました。まさに、「祈り」に近いものが世界中に広まっていたのでしょう。その何ともいえない情念のような不思議な力が、何か働いていたのではないでしょうか。さらにいえば、日本選手も大震災の被害者を勇気づけようという気持ちをもっていたようで、そのような気持ちがプレーを後押ししたと思われますが、それだけでこれだけの現象を起こすというのは考えられないのです。むしろそれ以上に、大震災で地上のいのちを失った魂（霊性）が後押ししてくれていたのではないか、と非科学的に考えられないでしょうか。実際に、決勝戦で敗れたアメリカのゴールキーパーは、試合後に、「何か大きな力が日本を後押ししていたようだった」という談話を、チームの公式ホームページに載せていたそうですが、彼女も何かを感じていたのではないでしょうか。

私自身にとっては、その何かを感じたのは、ＰＫ戦の四番目の熊谷選手がこれを決めれば優勝となるという場面でした。個人的なことをいいますと、この選手は昨年に私の授業を受講していた学生なのです。休み時間には、「アジア予選で勝ったら、来年にドイツに応援に行くよ」、「だから切符頼むよ」などというような会話をしていました（結局、大学の仕事が忙しく、約束を破ってしまう結果になりましたが）。テレビであの場面を見ていると、彼女がボールをセットしたところで、大きく彼女の顔がアップで映し出されました。試験を受けていたようなときの、真剣な顔が映りました（今でも、インターネットでもそのシーンは見られますので、確かめてください）。最初は、ゴールをじっと見ました。たぶん、ここでボールの蹴る方向を決めたのでしょう。少し右（ゴールに向かって左）をみました。そのあと、気を落ち着かせるためでしょうか、彼女は上を見上げました。それから、正面に顔が向いたとき、ぎょっとびっくりしました。カメラのアングルのせいなのかわかりませんが、何か彼女の目が輝き、後光が差しているようにみえました。少し大げさな表現をすれば、何か女性の神様が乗り移ったように見えました。こんな彼女の輝いたきれいな顔を始めて見ました。そこで、ペナルティーキックが決まることを確信しました。実際に、彼女は正直に先ほど見ていた視線の方向に蹴り、劇的なペナルティーキックをゴールの左上に決めてしまいました。その後、何度も彼女がテレビに出演しました。でも、何度見ても、そのときの顔は、いつもの熊谷紗希さんでした。本人も気づかないと思うのですが、あのときの彼女の顔は、いったい何だったのだろうかと思うのです。確かに、人間は何かを真摯にやり遂げようとするときには、その顔も輝くのかもしれません。しかし、それにしても、あのときの神々しい表情は、何とも不思議でなりません。私自身は、決勝戦のなかでは、あのペナルティーキックの場面に、もっとも不思議さを感じました。

以上、「なでしこジャパン」の奇跡に関して述べてきましたが、そこから五つの、人間としての生き方が学べるように思うのです。繰り返しになりますが、端的にいえば、次のとおりです。

① 「志」や「目標」をもつこと。
② 「感謝の念」や「畏敬の念」をもつこと。
③ 「共同体的な連帯」や「絆」を大切にすること。
④ 人としての「品性」や「品格」を失わないこと。
⑤ 「不思議な力」を信じること。

もちろん、ここであげた五つの人間の生き方以外にも、重要なものがあるでしょう。しかし、とりあえず、日本の再出発にあたり、このような姿勢をまず見つめ直し再確認することが、日本人の生き方として大切ではないでしょうか。そのことを、同じ年に起きた「なでしこジャパン」の奇跡が暗示してくれていたように、私には思えてならないのです。

七、再出発としての道徳教育のスクラップアンドビルド

(1) 道徳教育の困難性と変革への勇気

前述したような人間の生き方を改善するには、いろいろな方策が考えられますが、教育は社会的機能としては最も健全な方法の一つです。特に、そのなかでも道徳教育は、中核的な役割を果たすものです。それだけに、子どもの道徳教育にかかわる事象のなかには、その時代や社会の大人の生き方にかかわるものが、複雑に絡み合っています。そのために、道徳教育は、いつの時代でも、どこの国や地域でも、なかなかうまくいかないものです。もちろん、現在の日本もその例外ではありません。それどころか、かなり酷い混沌とした状況が日本に訪れている、といっても過言ではないでしょう。その状況は、裏返してみれば、今の大人の生き方が酷く混沌としているからに他なりません。それならば、大人の生き方を考える意味でも、その映し鏡になっている子どもの道徳教育についてみてみることにしましょう。

周知のように、戦後しばらくは、道徳教育を語ることは、戦前の修身科への逆行と見なされ、道徳教育は各教科教育に比べて軽視される傾向にありました。ところが、業を煮やした政府は、教育現場の教職員組合や多くの教育学者の反対を押し切って、昭和三三年に「道徳の時間」の特設というかたちで、道徳教育を目に見えるかたちにしました。文科省(当時の文部省)は、道徳教育資料の作成をはじめ、さまざまな施策を講じたのですが、「道徳の時間」を中心とした道徳教育は、低調なままでした。その後、教職員組合の力もかなり弱くなりましたが、そうした傾向は基本的に変わりませんでした。もちろん、その間、文科省は手をこまねいていたわけではありません。各教科教育と違って、道徳教育はしばしば政治家によって国会で取りあげられますから、文科省は何とかして成果を出そうと努力をしてい

たのです。その努力の跡は、数々の答申の記述をはじめ、学習指導要領やその解説書の記述ににじみ出ています。

また、昭和時代の終わり頃からは、教育現場や教育学者のなかでも、「道徳の時間」の特設に反対しているだけではなく、むしろ積極的に改善していこうとする風潮が出始めました。そこでは、アメリカの心理学的な道徳教育の理論が持ち込まれ、その実践が一部では盛んに行われるようになりました。たとえば、ジレンマ・ディスカッションや価値明確化理論やグループ・エンカウンターなどです。つまり、あるべき価値の内容を問うような哲学的・倫理学的なものではなく、どのような指導方法にすればよいかを問うような心理学的なものが考慮されたのです。まさに、社会の心理学化の流れに同調したかたちで、いわゆる心理主義的道徳教育が持ち込まれました。何としても道徳教育の活性化を図りたい文科省は、「心の教育」の重視という方針もあって、その流れに乗り、さらに学習指導要領もその流れで改訂していきました。そのような流れは、二〇〇二年に『心のノート』というかたちで結実しました。現在でも、文科省は、従来ながらの副読本活用主義と、そのような心理主義に則った方法で道徳教育を推進しようとしています。それでもまだ、うまく成果が出ないということで、道徳教育推進教師という職名が加えられました。つまり、約六〇年近く、大きな成果も聞かれないまま（その証拠に、青年や大人に「道徳の時間」はあなたの道徳性を高めるうえで役立ちましたか、と尋ねてみれば、ほとんどの人は否定的な回答をするでしょう）、道徳教育の本質的な意味を問うような大きな変革もなく、ただただ付け焼き刃的な方法上の修正が繰り返されただけです。いや、それどころか、そのような修正が繰り返されるなかで、昭和三三年当初のよさも消え去り、おかしな道徳教育が出現するようになってしまいました。また、そのおかしさに気づかれないだけに、その症状はきわめて深刻です。

たとえば、最初に作成された小学校中学年向けの『心のノート』のなかに、サッカーボールで他人の花壇を壊した例があるのですが、そこでのメーセージは、「あやまちを［たから］としよう」となっているのです。おかしいでしょむしろ反道徳教育といってよいぐらいです。自分の「心」のあり方ばかりを考えているから、おかしなメッセージが発せられてしまうのです。他人のものを壊したら、正直に「あやまる」ということが何よりも優先すべきことでしょう。戦前の修身科の国定教科書には、似たようなものが出ています。そこには、トラキチ君が隣の人の障子を破ったという話が出ています。そこでのメッセージは、「アヤマリ　ニ　ユキマシタ」となっています。戦前の日本で常識とされていた道徳的行為が、いつのまにかとんでもないものになっているのです。最近の改訂版をみてみると、メッセージはまったくそのままにして、挿絵だけが差し替えられているのです。その絵は、少年がボールで学校らしい公共的な施設の花壇の花を倒してしまい、その花をもとに戻そうとベソをかいているものです。見方によっては、花を倒した失敗を、何もなかったかのように隠蔽しようとしている光景にも見えます。どんな意図でこの絵を差し替えたのか、まったく理解不能に陥ってしまうのは、私だけでしょうか。道徳教育の根本を忘れ、対症療法をこそこそ繰り返しているうちに、奇妙な道徳教育が出現してしまうのです。

原発事故でエネルギー問題を根本的に見直し、大転換を図らなければならなくなったのですから、同じように、道徳教育についてもいつまでも一つのことに固守した状態にしておくならば、とんでもない奇妙なものが出現してしまいます。道徳教育も、柔軟によりよい方向に大きく転換させてもよいのではないでしょうか。その転換がなされないと、日本再生の根っ子の部分ともいえる人間の生き方が、よい方向に改善されないでしょう。

少し脇道に逸れますが、原発廃止の法案も、ドイツのようにすぐには可決されないでしょう。なぜならば、ドイツは、いざとなれば、離国のフランスから電気を買うこともできますし、埋蔵の石炭を掘ればよいからです。それよりも日本では、科学的・技術的な問題もあれば、政治的な問題、社会的な問題、生活的な問題もあれば、そのうえそれらが複雑に絡んでいますから、簡単には事は進まないのです。でも、こんな史上最悪の事故を起こしておいて、放射能の環境汚染の危険からは逃れられない原発計画が、事故前と何の変更もなく進められることもないでしょう。それこそ専門家ではないのでよくわかりませんが、素人が少し考えただけでも、何らかの大きな転換、すなわち代替エネルギーの開発は進められるでしょう。その際に、太陽光発電、地熱発電、風力発電、バイオマス発電、廃棄物発電、潮力発電、海流発電など、さまざまな代替エネルギーが注目され、それらに関する科学技術およびその関連領域の研究が進歩するでしょう。技術大国の強みが発揮されるかもしれません。また、地震の多いという日本の弱点をむしろ逆手にとって、地熱発電もおもしろいかもしれません。

あるいは、中西真彦氏がいうようなメタン・ハイドレードは、もっと夢があっておもしろいかもしれません。関西圏のバラエティー番組である「たかじんのそこまで言って委員会」(二〇一〇年四月一一日放送)でも、おもしろおかしく取りあげていた物質です。メタン・ハイドレードは、外見上は白い氷のようなので「燃える氷」といわれるもので、メタン分子を中心にして周囲を水分子が囲んだかたちになっている包接水和物(ハイドレード)です。この包接水和物は、世界のなかでも日本の経済水域の海底に最も大量に存在しているもので、それこそ地震地帯の思わぬ「みつぎもの」(副産物)、あるいはシュタイナーのいう正四面体の頂点という特別な地域だからこその物かもしれません。もし、この非在来型天然ガスが実用化されれば、日本はとんでもない資源大国になるでしょう。それこそ、イギリスが北海油田で経済を立て直した程度ではない、とてつもない豊かさが日本にもたらされます。まさに、原発事故を契機に、とんでもない夢と希望が出てくるわけです。

もちろん、このメタン・ハイドレードの開発がこれから進むかどうかはまったくわかりません。温暖化ガスの問題や技術的な問題など、克服しなければならないいくつもの問題が横たわっているからです。しかし、原発事故で落ち込んでいるような時に、実現の有無は横に置くとしても、メタン・ハイドレードの話は、野球の逆転満塁ホームランような、二一世紀の夢と希望、そして喜びを私たちにもたらしてくれます。そのような話が、道徳教育にもほしいのです。そのためには、「手品師が子どもとの約束を守った」、「メロスが友情のために戻ってきた」、「赤鬼が青鬼の優しさに泣いた」などの話を二〇分以内に読んで、感想を言ったり書いたりするような、従来型の副読本中心主義ではどうにもなりませんし、アメリカの心理学的手法を対症療法的に取り入れたものでもダメでしょう。やはり、過去の呪縛から脱して、大転換が道徳教育に必要です。そのためには、従来型の道徳教育はスクラップされ、これからのグローバル化された世界のなかで、日本人としての「生き方」を根本的に問うような道徳教育の開発が模索されなければならないでしょう。

ところが、わが国の道徳教育は、前述したような授業が行われ、あいもかわらず「道徳の時間」の充実こそが道徳教育の要（中心）である、という呪縛から脱することができないでいます。少し澄んだ目で道徳教育をみればわかりそうなものですが、道徳教育は、学校の「道徳の時間」で完結するものでもなければ、学校の教育活動だけでできるものでもありません。家庭教育も社会教育も、そこに複雑にからんでいます。それこそ社会全体が担うべき教育ですから、簡単にはいかないのです。その意味で、各教科教育とは、根本的に違っているのです。それなのに、「道徳の時間」を教科にして、道徳教育を教科教育と同列に扱おうとする、道徳教育の専門家たちがいます。教科にすることが道徳教育の「格上げ」だと主張しているのです。私にいわせれば、道徳教育の「格下げ」です。開いた口がふさがりません。

そもそも、「教科」は、子どもに学問・文化を効率的に指導するために作った枠組みに過ぎません。「道徳」は、そのような枠組みに属するようなものでもなければ、枠組みに拘束されるようなものでもありません。「教科」が教えられても、人格教育はできません。「道徳」が教えられるなら、人格教育は可能です。これだけ考えただけでも、教科教育と道徳教育は、同列では位置づけられないものです。近代教育学を樹立したヘルバルトは、いまから二〇〇年も前に、道徳性の涵養を教育の唯一最高のものととらえ、知識教授の上に位置づけているのです。

しかも、端的にいうと、教科教育は、子どものわからないことをわからせるものです。それに対して、道徳教育は、子どものわかっていることをわからせるものです。もちろん、その「わかっている」は、本当には深く正しくわかっていません。しかし、子どもは、なまじっかわかっているのです。それも、子どもは、小学校の就学前にすでに、なまじっかわかっているのです。それだから、道徳教育は、わかっていることを再度わからせようとする点で、教科教育よりも一見簡単そうにみえながらも、実は深く正しく知情意体の全体でわからせるには、そんなに簡単な教育ではないのです。つまり、道徳教育は、教科教育とはまったく異質な困難さを宿命的にもっているのです。

そのうえ、教科教育は、教師が特定な内容を何らかの工夫した方法で教えればよいわけですが（実は、それもいうほど簡単なことではないのですが）、道徳教育は、それだけでは済まないのです。道徳教育の場合、教師がすばらしい内容をすばらしい方法で教えたとしても、つまりその道徳教育の部分だけを取り出して実践化してみても、それで事は済まないのです。たとえば、そのような教え方のすばらしい教師が、日頃の日常生活でとんでもない非道徳的行為をしている人ならば、感受性の敏感な子どもには、そのような教育は何の効果も生み出しませんし、それどころか、教師への不信のみならず、道徳的価値や道徳的行為それ自体に不信感を覚えるだけです。また、学校の雰囲気が、指導された道徳的価値と乖離していたならば、子どもは道徳教育に不信感を覚え、道徳教育を建前としてしか受け取らないでしょう。つまり、教科教育とは根本的に異なって、道徳教育の場合、教える教師の人間性や学校（さらには家庭や社会）の道徳的雰囲気が如実に、いや決定的な影響を及ぼします。一つの具体例を示しましょう。「自分を後にして他人を先にしましょう」という、日本人の奥ゆかしい謙虚さを、子どもが「道徳の時間」に感動しながら学んで理解しても、学校で教師が、家庭で親が、テストの点数を友達と競争させて一歩でも他人の前に出るようにいっていたなら、その子どもは、道徳を、教師や親を、そして現実の学校や社会をどのように受け取って、道徳性を育てるのでしょうか。すばらしい「道徳の時間」を受けてしまったばかりに、子どもが道徳をはじめ、人間や社会に不信感を覚え、未来への夢や希望を失うことは、想像に難くありません。まさに、授業時間だけでなく、人間や場の薫化の側面が強く影響し、場合によってはその関係のなかでとんでもない作用を生み出してしまうのです。それだけに、道徳教育の場合、教科教育の場合よりも、その内容や方法以外の要因が複雑に作用してしまうのです。その意味でも、道徳教育は、大きな困難性を有しているといえるのです。

そのような道徳教育の困難性に気づきもしないで、多くの原子力エネルギーの専門家がただただ原子力発電の推進だけに執着するように、道徳教育の関係者が「道徳の時間」の在り方に異様なまでに視野狭窄的に執着しているところは、私の目には「かなり酷い状況」としか映らないのです。人間の生き方を育てる道徳教育については、従来のかたちを抜本的に変えることが重要なのです。不幸な出来事が起きてしまったことを機に、エネルギー問題も、社会も変わらなければならない今日こそ、人間の生き方も、また教育の根幹を司る道徳教育も勇気をもって変わらなければならないのです。

(2) 新しい日本型道徳教育の提案

先にも述べたように、道徳教育は、学校のみならず、家庭や地域などでも行われるべきものです。したがって、学校の道徳教育、ましてや「道徳の時間」だけが問題視されても、あまり効果的な方策は見出せないでしょう。しかし、それを言い訳にして、学校の道徳教育を軽視することは、許されない愚行ですし、また無責任でもあります。なぜならば、日本の場合、キリスト文化圏の諸国のように、教会が人間形成（道徳教育）の文化装置の一つとして社会的に機能を果たすところとは異なり、学校が道徳教育にとって大きな役割をもたざるを得ないからです。日本における道徳教育の重要性については、「日本のＤＮＡを持つグローバル人材」の養成に力を注いでいる渥美育子氏の見解が、みごとにそれを補強してくれています。

渥美氏によると、世界の文化は価値の中心をどこに置くかによって、三つの「文化コード」（「リーガルコード」と「モラルコード」と「レリジャスコード」）と「ミックスコード」の四種類に分けることができるといいます。「文化コード」とは、ある文化圏の人々の行動を支配する原理原則のことです。そのなかの「リーガルコード」では、合法か否かのルールが行動の規範となります。それに対して、「モラルコード」では、道徳や人間関係が行動の規範となります。また、「レリジャスコード」では、宗教が行動の規範となります。実際には、それらの規範が混在した地域があります。そこが、「ミックスコード」の地域です。具体的な地域でいうと、「リーガルコード」は、アメリカ、フランス系の人が住んでいる地域以外のカナダ、イングランド、そしてフィンランドなどの北欧諸国です。「モラルコード」は、ラテンアメリカの諸国、東南アジアの諸国、南ヨーロッパなどです。「レリジャスコード」は、南アジア、中東諸国、北アフリカ諸国です。「ミックスコード」は、オーストラリア、ニュージーランド、インド、ドイツなどです。

このようなグローバル人材の養成に役立てるために作成された区分に則るならば、日本は中国や韓国やモンゴルなどと同じように、「モラルコード」の地域に属することになります。つまり、日本は、法や宗教よりも道徳に行動律を求める国柄だというのです。そうならば、日本では、「リーガルコード」や「レリジャスコード」の諸国よりも、道徳教育は重視されて当然なわけです。ましてや、欧米のように教会という人間形成の文化装置を十分にもたない日本では、とりわけ学校の道徳教育が重要視されてしかるべきなのです。もちろん、前述したように、道徳教育は、学校だけでなく、家庭や地域などでも行われるべきものであって、それぞれにおける道徳教育は複雑に絡み合っています。しかし、閉塞状況の道徳教育を打破するには、わが国の場合、学校のそれを突破口にするのが、最も有効な方策だと考えられるのです。ところが、先ほどから述べているように、従来型の道徳教育の付け焼き刃的な変更が行われるだけで、根っ子からの改革が提唱されないままなのです。想像するに、原子力発電の問題と同じで、過去のしがらみや権益などもあって、思いきった勇気ある道徳教育の提案が行われない状況なのです。

そこで、少し無謀かもしれませんが、そしてあまりにも大げさな言い方かもしれませんが、とんでもない災害が起きてしまったこの時期に、今こそ新しい日本をよりよく創造していく一つの試みとして、次に、新しい日本型道徳教育を提案します。もちろん、正真正銘の私案です。ただし、紙幅の関係もありますから、詳細についてはまた別のところで説明することにして、ここでは私案の大枠と概要だけを示します。

まず、約六〇年も行われてきても大きな成果や効果を生み出せなかった「道徳の時間」は、潔く廃止されるべきです。しかし、戦争直後のように、道徳教育が、社会科を中心とした学校教育全体で行おうとしたアメリカ式の過去の教育に戻るべきだとも思いません。日本の場合には、過去の歴史が証明しているように、それはあまりにも無責任な道徳教育になってしまいます。なぜならば、アメリカは、基本的にキリスト教という宗教を確固としてもっているうえに、「文化コード」でいえば、ルールや法が行動律として尊重される「リーガルコード」の国だからです。日本は、そのような国ではないからです。もちろん、今さら修身科に先祖返りすることも必要ありません。しかし、日本でも、「道徳の時間」や修身科でもなく、また西および中央ヨーロッパ（フランスを除く）の宗教科でもない、道徳教育の中心となる何かの領域は必要です。その何かの領域になり得るものは、現状の日本のカリキュラムでいえば、「総合的な学習の時間」ではないでしょうか。つまり、「道徳の時間」を廃止して、次に「総合的な学習の時間」を見直すことを提案します。具体的には、「総合的な学習の時間」の内容を全面的に組み直し、道徳教育のための二時間続きの授業にすることです。

それでは、「道徳の時間」とほとんど同じではないのか、という批判の声が聞こえて来そうです。同じではないのです。「道徳の時間」は、道徳という名称を付けるために、どうしても道徳教育だけを扱わなければならない授業になってしまいます。道徳的価値、つまり道徳の内容は、教科の内容とは違います。授業のなかで道徳の内容だけが取り出されて、それだけがわざとらしく教えられると、普通の子どもは吐き気を催すような気分になるでしょう。食べ物に喩えていえば、道徳は塩だからです。

人間は塩を摂取しなければ生きられませんが、塩だけを大切だからという理由で摂取させられても、辛くてとても食べられません（それが「道徳の時間」の授業です）。また、人間は、生きるために大切だからという理由で塩を多量に摂取し過ぎれば、身体の内臓を悪くします。ところが、適量の塩は料理をおいしくする機能をもつばかりか、人間のいのちを支えてくれるものです。そのように塩に喩えて道徳を考えると、塩が料理の中に適量だけ入れられ、子どもがその料理をおいしく食べながら身体のために適切な量の塩を摂取できれば理想であるように、道徳も教育のプロセスのなかに適量だけ溶け込まれておれば、子どもはそのプロセスを体験しながら、道徳を意識することなく学べばよいわけです。つまり、教師は、子どもに道徳をあまり意識化させ過ぎないように教えればよいのです。

問題は、その料理を何にするかです。肉中心の西洋料理もおいしいです。油の多い中華料理もおいしいです。しかし、日本人の体質にあった料理は、やはり米を主食とした日本料理ではないでしょうか。日本料理を中心にしながら、他の国の料理をいただくのが日本人に一番合っているのではないでしょうか。

そのような事例から考えを巡らすならば、日本人の道徳教育にとってもっとふさわしい料理は、やはり日本それ自体ではないでしょうか。つまり、長い歴史を有する日本のさまざまな文化のなかには、日本人の体質に合った道徳が有り余るほど包含されているはずです。基本に立ち返れば、日本人はまず日本を学ぶことでしょう。したがって、二時間通しの「総合的な学習の時間」は、教科横断的な方法や基本的に扱う内容を維持しながら、「日本研究の時間」（外国で行われている「日本学」のようなもの）に改称するのです。

その上で、小学校一年生から、日本にかかわる事柄が教育内容として扱われるのです。まだ因果的、合理的な思考ができない発達段階の子どもには、さまざまな日本の物語が教えられることにします。そのときには、日本神話を入れてよいでしょう。何か神話を教えれば過去の軍国主義につながるというような批判をする教育関係者もいるかもしれませんが、神話と軍国主義とは根本的に違うものです。日本神話を軍国主義と関連させて教えたのは、戦前の政府の施策です。いつまでも、そのような過去のトラウマに取り憑かれていては、未来の日本は拓かれないでしょう。未熟な発達段階の子どもに対して、キリスト文化圏でアダムとイブの話をするように、日本でも、最初に、キリスト教の「天地創造」に当たる「天地開闢《てんちかいびゃく》」の話をすればよいわけです。『古事記』に基づいて、高天原に、天之御中主神（あめのみなかぬしのかみ）、高御産巣日神（たかみむすひのかみ）、神産巣日神（かみむすひのかみ）の三柱が生まれたところから、次々と神が生まれる話を教えればよいのです。また、『日本書紀』に基づいて、互いに混ざり合って混沌とした状況から、神が生まれる話をしてもよいでしょう。さらに、「国産み」、「神産み」、「天岩戸」、「出雲神話」、「葦原中津国平定」、「天孫降臨」、「山幸彦と海幸彦」、「神武東征」なども、神話として取りあげてもよいでしょう。日本のルーツを神話の知として教えることが決して悪いことではないはずです。繰り返しになりますが、日本神話を教えたところで、子どもは軍国主義者に育つはずがありません。グローバル化した高度情報化社会の日本のなかで、そんなことはあり得ない絵空事です。むしろ、身近に知っている神社、そこの鎮守の森などへの親しみがわいてくるはずです。

また、そのような日本神話だけでなく、各地の『風土記』で伝わる話を教えることもおもしろいでしょう。そして、各地に伝わる民話も欠くことができません。さらには、喩えていえば、グローバル社会では、日本料理だけでなく、西洋料理や中華料理を経験することも重要ですから、簡単なかたちで、子どもの発達に即して、キリスト教・ユダヤ教の「天地創造」の神話をはじめ、ギリシア神話やエジプト神話や北欧神話、そして中国神話やインド神話なども扱えばよいでしょう。

そのような話のなかには、民族や国の差異を超えて、何らかの道徳的価値、とりわけ真善美などの根源的な価値は、必ず包含されているはずです。なかでも、善の価値を扱わないような神話はないでしょうから、合理的思考の未熟な子どもには、神話の知は善悪の価値を教えるきわめて有効な教材になるでしょう。もちろん、その際には、日本神話が自分たちのルーツを確認する意味でも、中心的に扱われるべきです。やはり、日本の子どもには、日本の根っ子として、教義も教典も教祖も存在しない「惟神の道（かんながらのみち）」が、将来的に信仰するか否かは別にして、日本の民俗的な信仰体系であって、日本固有の多神教である宗教に馴染ませておいてよいでしょう。

また、時代順でいえば、神話の次には、縄文時代の暮らしを取りあげればよいでしょう。社会科の歴史では、一万数千年にわって採集・狩猟・漁撈の原始的な時代が続いたということで済まされがちですが、そこには、人間の暮らしや生き方に着眼すれば、日本のよさ、特に多くの日本人が生き方として忘れかけているような貴重な英知を見て取ることができます。端的に表現すれば、自然との共存、エコロジーな循環などです。

もう少し具体的にその英知を指摘するために、先に述べた「なでしこジャパン」から学べることを思い出してください。そこには、①「志」や「目標」、②「感謝の念」や「畏敬の念」、③「共同体的な連帯」や「絆」、④「品性」や「品格」、⑤「不思議な力」、が見て取れました。それらを縄文文化の暮らしに当てはめてください。縄文時代には、物資の乏しいなかで健康に「生きる」という「志」や「目標」がありました。そのために、「共同体的な連帯」や「絆」が必要でした。そこでは、それなりの仲間同士の「感謝の念」や「畏敬の念」があったでしょう。また、生きるために摂取する自然の物に対して、「感謝の念」もあったでしょうから、欲望にまかせた所有欲が制限され、その意味の「品性」や「品格」もありました。自然に対してどうにもならない思いから、「不思議な力」に対する畏怖の念や祈りがあったことでしょう。そのようにきわめて単純に想像を巡らせるだけでも、縄文時代の暮らしには、「なでしこジャパン」から学べるものが含まれているのです。つまり、そこには現代の日本人にとって、大いに参考になる人間の生き方が内在しています。

次の時代になる弥生時代にも、農耕文化が発達するわけですが、そこにも、自然との共存、エコロジーな循環などの思想が堅持されています。本来的に、農業は循環を大切にするものですから。また、縄文時代から弥生時代に変わって、ある特定のところに過剰に富が集まり出すと、人間の暮らしにさまざまな問題を生じさせることも学ぶことができます。

紙幅の関係で簡単に触れるだけに留めますが、さらには、子どもが次第に成長してくれれば、聖徳太子の十七条憲法、『万葉集』の歌、空海や最澄や親鸞などの高僧の教え、鎌倉時代の御成敗式目、世阿弥の『風姿花伝』、千利休の「守破離」や「詫び」、宮本武蔵の『五輪の書』、松尾芭蕉の有名な句、明治天皇の五箇条の御誓文など、それらについて歴史として年号をただ覚えるのではなく、その中身について発達段階に即したかたちで学べば、さすがに偉人だけあって、時代を超えて人間の生き方に関する知見がいたるところに豊富に含まれています。

もちろん、歴史的な内容だけでなく、日本の地理的な内容は、人々の暮らしを通して日本人としての生き方を学ばせてくれます。特に、各地域の人々の暮らしは、自然環境や社会環境との折り合いの付け方、そして経済活動による人々との交流など、さまざまなかたちで人間としての「生き方」を教えてくれます。たとえば、今でも高知県や大分県や徳島県などにみられるのですが、増水時に川に沈んでしまうように設計された欄干のない「沈下橋」は、見事な自然との折り合いのつけ方を教えてくれています。さらに、日本の童歌や日本の伝承的な遊びなどにも、道徳的価値を含んだ日本文化が豊富に詰まっています。

したがって、日本文明が脈々と培ってきたさまざまなものは、新しい日本型道徳教育のネタに十二分になり得るのです。今後、学校のカリキュラムのなかに、あくまでも子どもの発達に即したかたちで、日本の教育内容を組み込んでいく開発研究が期待されます。

そんなことでは、日本に凝り固まった偏狭な人間が育つのではないか、という疑問が呈せられるかもしれません。しかし、そんなことはありません。まだ因果的、合理的な思考が十分にできない発達段階の子どもには、日本の事柄があくまでも中心に取りあげられますが、そのような思考ができるようになれば、世界ないしは地球規模の事柄が中心に扱われるようにするのです。その境界線を引くのは簡単ではないのですが、大枠においていえば、次第に日本から世界へ扱う内容を変えていけばよいわけです。中学生ないしは高校生あたりから、世界の事柄が積極的に教えられるようになり、世界のなかの日本を意識させることが大切でしょう。その過程のなかで、日本と世界との交流の事柄が扱われればよいのです。長い人類の歴史のなかには、大切な道徳的価値を取り出せる題材はいくらでもあるはずです。

たとえば、一九五七年二月、日本の船員を救おうとして海に飛び込み殉難したデンマーク人のクヌッセンの行動を取りあげれば、デンマークと日本、特にデンマークと和歌山県との心温まる交流について考えることができます。海難事故でいえば、一八八六年のノルマントン号事件を、単に外交上の不平等条約改正のきっかけとして終わらせるのではなく、時間をかけてその状況を学べば、差別や人権、いのちの大切さなど、重要な道徳的価値を子どもたちが学ぶことができます。

また、その海難事故から四年後、オスマン帝国の使節団を乗せたエルトゥールル号が座礁・爆発沈没し、五〇〇名以上の乗組員が亡くなるという事件がありました。和歌山県の紀伊大島の住民は生存者六九名を救助・介抱し、自分たちの非常用の鶏を供出してまで献身的に尽くしました。また、この事故をニュースで知った日本人たちは、義援金・弔慰金を集め、トルコに贈りました。この話は日本で発行されている多くの道徳の副読本には記されていませんが、今のトルコでは長く語り継がれたそうです。それには、後日談が続きます。「イラン・イラク戦争」(一九八〇-一九八八)中の一九八五年、イラクの大統領フセインは、三月二〇日午前二時(日本時間)をタイムリミットとして、この期限以降にテヘラン上空を飛ぶ航空機はいかなる国の機体であろうと、すべて撃墜する、と布告しました。他の諸国は、自国民のために救援機を送りました。そのとき、日本では、自衛隊機を海外に飛ばすことは野党の反対で許されませんでした。そこで、民間飛行機会社の飛行機に白羽の矢が立ったのですが、この会社は、従業員の安全を保障できないとして、救出機を送りことを拒否しました。結局、日本政府は自国民を救出できず、約二〇〇名の日本人が空港に取り残されることになりました。その日本人を救出にトルコ航空の飛行機が飛び立ち、タイムリミットの一時間前に飛行機がトルコに到着するという、切羽詰まった事態が起きていました。そのトルコ航空の行動の理由は、ほとんどの日本人や日本政府にもわかりませんでした。当時の新聞では、ODAの「お金」に対するお礼ではないかと、トルコを見下したような推測記事が掲載されていました。

前・駐日トルコ大使、ネジアティ・ウトカン氏は次のように語っていたそうです。

「エルトゥールル号の事故に際し、大島の人たちや日本人がなしてくださった献身的な救助活動を、今もトルコの人たちは忘れていません。私も小学生のころ、歴史教科書で学びました。トルコでは、子供たちでさえ、エルトゥールル号のことを知っています。今の日本人が知らないだけです。それで、テヘランで困っている日本人を助けようと、トルコ航空機が飛んだのです」

このエルトゥールル号の事故からその後の出来事については、最近になって事実を美化して語ろうとする風潮がみられ、話の内容を少し差し引いて考えられなければならないでしょうが、大枠においては、この一連の話は事実として受け取ってよいものでしょう（この話が従来の副読本に従来のように掲載されると、道徳的価値にこだわって、ゆがめられた美化がはじまり、せっかくの実話が胡散臭い教材になってしまうでしょう）。

この事件が概ね史実だとすれば、日本のことをきっちりと教えてこなかったばかりに、相手国の行為が、一二〇年前の「恩返し」を意味しているのに対して、大手の日本の新聞は「お金」の返礼ととらえてしまっていた、ということになってしまいます。新聞がそうなんですから、一般の人々もその新聞の内容を受け取るだけになってしまいます。多くの国民や青少年は、トルコ人の日本への「畏敬の念」に気づきようがないのです。知識という基盤の欠如が、道徳心の覚醒を妨げる顕著な一例です。情けない限りです。せっかくの国際理解や国際交流、さらには国境を越えての友情のチャンスが失われてしまうのです。

実はこれには、さらに後日談がまだあります。

二〇〇二年の日韓ワールドカップのとき、「トルシエジャパン」は、決勝トーナメントの一回戦でトルコに当たって負けてしまいます。試合中は、どちらも自国のチームを応援している人たちがほとんどでしたが、なかには「どっちもがんばれ」という一団が、日本にもトルコにもありました。翌日のトルコの新聞には、「泣くな、サムライ　我々の心はみなさんと一つだ」という見出しが載り、トルコは日本の分まで戦うと書かれていたということです。ところが、ここでも、このような行為についても、知識の欠如ということがあって、その意味するメッセージは日本人にはなかなか伝わらないのです。それこそ、「変わった人たちがいる」、「トルコ人は日本に媚びている」などと、若者が思っていたとしたら、悲しい限りです。そのようなメッセージの意味をくみ取れるならば、子どもはこの出来事から友情や感謝などの道徳的衝動を生み出すことができますし、国際理解のよさを実感することでしょう。

少しトルコの話題が長くなりましたが、日本と外国（世界）との交流からも、さまざまな道徳的価値が学ばれるだけでなく、これからのグローバル化した社会のなかで知らなければならない基礎的知識の習得とともに、日本が世界との関係で成り立っているということが実感されることになるのです。さらに子どもの発達段階が進めば、世界のなかの日本を理解するために、グローバルな題材が必要になってきます。そのときには、国際比較的な内容が有効に働くと考えられます。したがって、「日本研究の時間」は、内容的にも、また名称としても「世界研究の時間」（仮称）に変わっていくことがよいかもしれません。

「世界研究の時間」をどのような内容と方法で行えばよいかについては、「日本研究の時間」以上に、力不足で具体的なプランを示す段階には至っていません。しかし、先に名前をあげた渥美育子氏が作成したグローバル教育の教材「地球村への一〇のステップ」は、その実践の在り方を考えていく上で有益な示唆を与えてくれるものです。

渥美氏は、「世界中の子どもに学んでもらい、テロや戦争のない世の中になってほしい」という願いから、教材を作ったそうです。その教材は、遊園地に見立てた「地球村らんど」でコースターに乗って、一〇の駅（宇宙ステーション）（ステップ）を回り、二〇のプログラムを体験する仕組みになっています。つまり、子どもはそこでバーチャルな世界に入り、時空を旅することになります。

ステップ一では、「地球村はどんな形をしているのだろう？　大きさは？」ということで、三つのプログラムが用意されています。一のプログラムでは、「地球の大きさを測った男」、二のプログラムでは、「大地の中の不思議なスクールバス」、三のプログラムでは、「住むことができるたった一つの〝大きな家〟」となっています。ステップ二では、「世界は地図上でどう分けられているのだろう？　考えの違いで見るとどうだろう？」ということで、ここも三つのプログラムが用意されています。一のプログラムでは、「世界を新しい角度から眺める」、二のプログラムでは、「文化が違えば、ルールも違う──三つの行動律」、三では、「絹の道：ジャンケンの旅」となっています。このステップでは、先に紹介した三つの「文化コード」、すなわち「リーガルコード」と「モラルコード」と「レリジャスコード」が取りあげられ、「文化が違えば、ルールも違う」というところから、価値観の相違や国際理解が教えられる。それによって、自分や自国中心主義的な見方に歯止めがかかることになります。一つ具体的な例をあげれば、子どもが商店から宝石を持ち出したという話を示して、それぞれの「文化コード」で、どのようになるかを話し合わせます。「リーガルコード」社会では、盗みという犯罪で訴えられます。「モラルコード」社会では、お店の責任者が子どもの親に連絡します。「レリジャスコード」では、罪を犯したと見なされます。そして、世界地図でどんな「文化コード」の人たちはどのあたりに住んでいるかを理解させ、三つの「文化コード」のよいところを合わせ持つ人間になることが目ざされます。そこでは、「文化コード」の基盤にある世界の宗教についても、学ぶことになります。

ステップ三では、「生まれつき豊かと、貧しい大勢とを知ろう」で、二つのプログラムが用意され、一つ飛ばしてステップ五では、「みんなで地球村のルールをつくろう。どんな〈行動規範〉が出来るかな？」では、一つのプログラム「〝地球村〟の新しいルールをつくろう」が用意されています。そこでは、モーゼの十戒、聖徳太子の十七条憲法、イギリスのマグナカルタ、アメリカの合衆国憲法が取りあげられ、それぞれが「文化コード」の視点から検討されます。

その上で、大きなスケールで人道的なルールを考え、地球村の新しいルールが創造されます。そのルール（憲法）では、それぞれの「文化コード」のよい点、すなわち「リーガルコード」におけるフェアなルールの設定と尊重、「モラルコード」における調和のある人間関係、「レリジャスコード」における人間を超えた力への畏敬の念、さらには、「本人がコントロールできない属性（人種、性、障害、身分、外観など）で差別・軽蔑したり、いじめたりしない」などが考慮されることになっています。

ステップ六では、「世界中の子供と友だちになるには?」で、二つのプログラムが用意されています。一つは、「〝地球家族〟はアフリカの一人の女性から始まった」で、もう一つは、「七つの地球に住む子供たちに電話をかけよう—友情はどんなふうに育ち、消えるのだろう」です。そして、ステップ七からステップ九までを経て、最後にステップ一〇「いろいろな文化を代表してみんなで〝地球村〟をつくろう」で、二つのプログラムが用意されています。一つは、「理想的な〝地球村〟をデザインする」で、もう一つは「私から私たちへのメッセージ：子供サミットを開こう」です。

このようなステップ一〇までの過程で、子どもたちは、会話や図書などを通して外国語学習をすることになるとともに、「世界のどこでも働ける」人材になり得る点でキャリア支援を受けることになります。

このようなかたちで、世界の価値観をダイナミックに学ぶプログラムは、「世界研究の時間」の内容と方法を考える上で、大いに参考になります。特に、否応なくグローバル化した世界で生きていかなければならない日本人にとって、世界で通用する行動規範が重要となるでしょう。その際に、日本人としてのアイデンティティーを自覚しながら、グローバル化した価値多様化社会で、それぞれの地域の行動規範、その基底にある文化と宗教を理解しながら、堂々と渡り合っていける力が求められるのです。その意味で、文化や宗教の基層を踏まえた人間の生き方が大切なのです。それを踏まえないような、単なる海外（特にアメリカ）輸入の「人間理解」、「自己理解」、「他者理解」、「人間関係」、「自己肯定感」、「自己実現」などの言葉は、砂上の楼閣に過ぎない概念でしかないために、グローバル社会はもちろんのこと、現実の日本社会でも通用するものではないでしょう。また、それを踏まえるには、年少の頃から、日本固有の「惟神の道（かんながらのみち）」とともに、日本文明の基盤である縄文文化をはじめとして、その後の日本文化の遺産を学ぶことを通して、日本人としてのアイデンティティーの根っ子になる部分を確認しておくことが肝要なのです。そのような問題意識から、「道徳の時間」のスクラップという挑戦的な発言をして、それに替わる授業として、二時間通しの「総合的な学習の時間」のような「日本研究の時間」および「世界研究の時間」をビルド、すなわち新設して、教科横断的に学べる道徳教育を提案したかったのです。

（3）震災後の日本を支える君たちへ

新しい日本型道徳教育の提案は、まだまだ不十分で、構想段階程度のものです。しかし、そのコンセプトは決まっています。社会のなかで自分を生かせる人間を育成することです。少し具体的にいうと、グローバル化された世界のなかで、日本人としてのアイデンティティーをもって生きていける日本人を育てることです。もう少しいうと、テロや戦争のない理想的な世界を目ざしながら、そのような社会の一員として積極的に構築することに寄与できる人間を育てたいのです。二一世紀の現在、その役割を最も期待されているのが、日本人ではないでしょうか。

諸外国では、さまざまな紛争や戦争が起きています。残念ながら、テロという言葉をニュースで聞かない日はないような状態です。その原因は、もちろん多種多様です。民族的な対立の時も多くあります。特に最近は、ハンチントンが指摘するような、文明と文明の対立が酷くなっています。その基底には、明らかに一神教同士の宗教的対立があります。

ところが、日本は、一つの宗教だけしか認めない国ではありません。歴史をみれば明らかなように、キリシタンへの迫害や宗教的弾圧などがなかったわけではありませんが、ドイツの人口の三分の二を失った三〇年戦争、ナチスによるユダヤ教徒への弾圧などに比べると、日本はまだまだ寛容な方でしょう。本地垂迹《ほんじすいじゃく》説（八百万の神々は様々な仏の化身であるとする説）に対してはご都合主義なものという批判もありますが、その思想は神様への信仰と仏様への信仰という異質な宗教を見事に統合させたものです。この思想には、宗教に対する日本人の柔軟さや奥深さが垣間見られます。このようなＤＮＡを先祖から引き継いできた日本人は、基底に宗教的対立をもったテロや紛争で明け暮れる世界に対して、貴重な役割を担っているのです。一神教の世界観では持ち得ないような懐の深さが、日本人に備わっているのです。さらに、日本人には自然との共存という生き方も備わっています。その意味で、「二一世紀は日本人の出番」なのです。日本人しか、できないことがあるのです。いや、そうならなければ、世界が救われないのです。日本人の生き方が、地道なかたちで世界を救うのです。その時が今ではないでしょうか。

ところが、日本人の生き方に目をやってみると、決してみんながそうではありませんが、国家や社会どころか、酷いときには社会の最小社会集団である家族のことにもまったく無関心で、個性の尊重を隠れ蓑にして、自分自身の欲求、あるいはその欲求の対象者となる身近な人間にだけ執着しているような、自己崇拝的な個人主義者があまりにも多く現れるようになりました。電車の中での、携帯電話や化粧の行為がそれを象徴するものです。何しろそこでは、回りの人々は、自分とは関係のない物質か風景でしかないのでしょう。自分だけがよければそれでよいのでしょうが、やがてそのような人間は、遅かれ早かれ、因果応報の原理に則り、まともな人には相手にされなくなるでしょう。結果的に、孤立感を覚えるようになり、最近流行の「心の病」に陥るようになるだけでしょう。それで止まればよいですが、ますます孤独になって精神疾患になるかもしれませんし、突然に犯罪のような反社会的行為を暴発させてしまうかもしれないのです。

そのような人間が増えれば増えるほど、社会に活力が失われるとともに、国力も下がり、ひいては国家も衰退するだけです。また、何よりも、せっかくのいのちをいただいて生まれてきたその本人にとっても、そのような結果は決して望ましいものではありません。

このような閉塞状況を打ち破るには、時間はかかるという難点がありますが、教育、特に生き方の規範を指導する道徳教育が重要な役割をもっています。徳のある人材が社会に数多く輩出されれば、それによって社会は次第によい方向に改善され、国家も栄えます。特に「徳不孤　必有隣」、すなわち、「徳は孤ならず　必ず隣有り」と論語に記されているように、「本当に徳のある人は孤立したり、孤独であるということはなく、真に徳さえあれば必ず人は集まって来る」ものですから、その状況から連帯感のある日本人は、生きた正しい知識を学び、日本人の長所を生かしながら努力するならば、ドイツワールドカップの時の「なでしこジャパン」のように（もうしばらくは起こらないと思いますが）、とてつもない仕事をやりとげることができるはずです。しかし、知識を疎かにして、日本人の短所である付和雷同のような反応を繰り返していれば、それこそ重大な危機的場面でも、指示待ちの、お上の決めたことだけを従順に聞くだけの日本人が増えるだけで、ますます日本は「お任せ民主主義」の国に成り下がってしまいます。それでは、グローバル化した世界のなかで、人間としても、また国家としても、生き抜けない状況が訪れます。

そこで、提案したかったのが、世界のなかでも堂々とアイデンティティーを堅持したまま生きていける日本人を育成する、前述した日本型道徳教育の構想だったのです。

読者の多くのみなさんは、もうすでに、学校の道徳教育を終えた若者や成人の方ではないでしょうか。きつい言い方をすれば、成果のない道徳教育を受けてきた方ではないでしょうか。その方には、七の（2）「新しい日本型道徳教育の提案」で提示した内容について、みなさんの年齢と立場に応じて、大筋でもけっこうですし、その一部分でも学んでいただければありがたいです。きっと、人間の生き方にとって、有益なヒントを得ることになると思います。また、小学校から高校生までの子どもをお持ちの方には、私の構想は日本の学校でとても簡単に実現するものではないので、まずは学校以外の場所で、つまり家庭や地域の集まりで、提示した内容について学べるように工夫と配慮をお願いできればと思います。

何としても、大震災を大きな一つの契機に、それこそ日本人の生き方のパラダイム転換ないしはエポックメーキングにしていただきたいし、そうすることで、社会のいわば犠牲者となられた御魂に少しでも報いたいものです。また、そうならなければ、不慮の災害が繰り返し日本で起きるような気がしてならないのです。

参考文献

シュタイナー、西川隆範訳『自然と人間の生活』風濤社
シュタイナー、西川隆範訳『天地の未来―地震・火山・戦争―』風濤社
シュタイナー、西川隆範訳『民族魂の使命』イザラ書房
シュタイナー、新田義之訳『教育の基礎としての一般人間学』人智学出版社
高橋巖著『神秘学講義』角川書店
中西真彦『陽はまた必ず昇る―日本復活六つのカギ―』日新報道
堀伸夫『科学と宗教―神秘主義の科学的背景―』槇書店
松下幸之助『松下幸之助 成功の金言三六五』ＰＨＰ研究所
吉田武男『シュタイナーの人間形成論―道徳教育の転換を求めて―』学文社
吉田武男・相澤伸幸・柳沼良太『学校教育と道徳教育の創造』学文社
吉田武男・藤田晃之『教師をダメにするカウンセリング依存症』明治図書

Ⅱ　新しい日本の出発のために‥
天のメッセージから何を学ぶのか

――――――――　一二三朋子

一、はじめに　迫られる心・意識の転換

二〇一一年三月一一日、東日本大震災が日本を襲いました。地震と津波、それに続く原発の事故により、日本は甚大な被害を受け、多数の方が犠牲になられました。この震災により失われたものは測り知れません。亡くなられた方、遺された方、家屋や故郷を流された方、思い出を失った方、夢や希望を奪われた方……。その悲しみや辛さは想像に余りあります。

夫の実家が石巻にあり、家も職場（水産加工場）も全滅でした。幸い家族は全員無事で、それぞれに避難生活を始めています。私は被災地に足を運んでいないせいか、未だにピンと来ません。私の心のなかでは、一年前お盆に帰省して弟家族と茶の間でのんびりテレビをみた時のまま、時間が止まっています。来年の正月にもまた、いつものように帰省する気分でいます。たった五ヵ月前には茶の間だったあの場所には、今では瓦礫しかないということに全く実感が湧きません。

夥しく流される悲惨なニュースや報道のなかで唯一心を救われたのは、秩序を乱さず冷静に行動しておられる被災

者の方たち、そして、自らの危険も家族も省みず懸命に救助活動に身を挺しておられる自衛隊や消防署・警察署・自治体の方たちの姿でした。震災直後、略奪も暴動も起こさず、きちんと列を作って救援物資を受け取ったり、互いに思いやり合い、いたわり合っている様子は海外にも配信され、世界中の称賛を集めました。地震直後から、日本国内だけでなく海外にも寄付や援助の輪が広がりました。日本の復興を世界中の人たちが応援してくれているというのは嬉しい限りです。勇気が湧いてきます。

日本は必ず復興すると信じています。戦後、あれほどの国難を克服して経済発展を遂げてきたのですから。そして、単に経済的に復興するのではなく、世界に誇れる高い精神性の国として復興すると信じています。また、そのような国として復興させなければならないと思うのです。

震災直後、石原慎太郎都知事の「これは天罰だ」という発言が物議を醸しました。石原都知事の発言の真意は、華々しい経済的発展とは裏腹に、日本人全体が精神的に堕落したこと、物質・金銭のみに価値を見出し自己中心的で自分のことしか考えない人間が増えたことへの天罰という意味でした。

石原都知事の言葉に異論はありませんが、私は今回の震災は「天罰」ではなくチャンスだと思うのです。戦後最大の国難に直面した今、日本人全体が力を合わせ、心を一つにするチャンスなのではないかと。日本人が心を一つにして団結したときには、奇跡にも近い復興を遂げられると信じています。

今回の震災によって、多くの人が、さまざまなことを考えさせられたと思います。

平和とは。

幸せとは。

豊かさとは。

生きるとは。
死ぬとは。
家族とは。
故郷とは。
国家とは……。

価値観の転換を迫られた人も多いのではないでしょうか。

これからの復興を担う私たちですが、とりわけ若い人たちには、特に次の二点において意識が変わっていかれることを願い、その一助になればと本稿を書いています。なお、本稿では①について重点的に卑見を述べるつもりです。

①生きること・生まれてきた意味

これまで何となく生きてきた人、生まれたくなかったのに両親の勝手な都合で生まれてきたと思い、仕方なく生きている人が結構います。でもそんな生き方はもったいないですし、犠牲になられた方たちに対しても、とても申し訳ないことです。震災で命を落とされた方たちの分もしっかり生きてほしいと思うのです。

②日本人としてのアイデンティティと誇り

今回の震災で、世界中のメディアが日本に対して称賛を寄せました。悲しいニュースのなかにありながら、私も誇らしくて胸が一杯になりました。日本に生まれてよかった！　日本人でよかった！　日本人ってすばらしい！　そんな思いが湧いてきました。

戦後の教育では、日本人としての誇りをもたせる教育は回避されてきたように思います。そのため、日本のよさを自覚しないまま、日本は駄目な国だ、日本人であることは恥ずかしいことだと自ら卑下することを美徳のように勘違いしている人も少なくないようです。

震災から復興しなければならない今だからこそ、私は日本人としてのアイデンティティと誇りを取り戻してもらいたいと思っています。それが復興を力強く推進していく心のエネルギーになると信じるからです。

二、宇宙の進化と人間の誕生の意味

今回の震災で、多くの人が人間の力の弱さ・小ささ、人生の儚さということを感じたのではないでしょうか。昨日まで、今朝まで、一時間前まで、あんなに元気に話し、笑い、働いていたあの人が、一瞬のうちに変わり果てた姿になってしまった……。不条理としかいいようがない現実です。無常としかいいようのない人生です。

人は例外なく死を迎えますが、その死を前提として二通りの生き方があるのではないでしょうか。限りある命なのだから精一杯努力して生きようとする生き方と、どうせ死んでしまえばすべては無となるのだから、苦労するより楽をして生きようという生き方と。有限の命を尊いと思うか、虚しいと思うか。どちらを選ぶかによって人生の質は大きく変わります。

質の高い人生を送りたいと思う人ばかりならいいのですが、残念ながらそういう人ばかりではないようです。願わくば、今回の震災を機に、前者のような生き方に変わってくれればと思います。人生は決して空しくないのだと、生まれてきたことには意味があるのだという思いに変わってくれればと願います。

自分が生まれてきたのは単なる偶然で、それ自体には何の意味もないとします。もし意味がないとしたら、他の人の命にも意味はないし、動物にも植物にも、他の生命にも、生命の基となる自然にも、地球にも、月にも太陽にも、つまりは宇宙のすべてに意味がないことになります。すべてはただ偶然の積み重ねが、何億年もの間繰り返されてきただけのことになります。

ここで一つ考えてほしいのは、そもそも「意味」があるかないかを誰が決めるのかということです。人間ですか。科学者ですか。哲学者ですか。あなたですか。でも、あなたや人間が生まれる何億年も前に宇宙が生まれ、進化し、さまざまな命を生み出してきたのです。だから、あなたを含め、人間がその「意味」を決められる筈がありません。

理学博士　桜井邦朋氏は、次のように述べておられます。

＊＊＊＊

実際に、この宇宙の成り立ちを、詳しく立ち入って見れば見るほど、巧く作られていると感じないではいられない。

だが、私たちの周囲に広がるこの自然界について、その不思議や精巧さについて知り、畏敬の念を抱いている人が、人類六〇億余りのうち、ごく少数でしかないという現実が大変に残念である。

この地球上に住む大部分の人が、この不思議さと精巧さについて学び知ることができたとしたら、現在、私たちの周囲で起こっているいろいろな不幸なできごとの大部分はなくなってしまうことであろう。

私たちが、この宇宙の中で生かされていることを知ることで初めて、生きるということの意味がどんなものか体得できるし、自分たちの人生を大切なものと気づくことになり、それが地球の未来の姿を変えていくことにつながるからである。

私たち一人ひとりは、自分が選び取って、今ここに生かされている存在ではない。誰もが知っているように、自分の存在について意識したときには、すでにこの世にいたのである。私はこの今という時に生きているのを、いつも不思議に感じ、自らがこの大宇宙に抱かれている存在なのだということを、常に感じている。

そうして、遥か彼方から届くいろいろな宇宙のメッセージをわが手に掴みとり、微力ながら、なぜ、このような宇宙が形成されてきたのかについて、少しでも解き明かすのに有用な仕事をしたいと望んで、日々を送ってきた。

そこに私は「宇宙の意志」を感じるのである。

（桜井邦朋『なぜ宇宙は人類をつくったのか』祥伝社より）

＊＊＊＊＊

宇宙の始まりから人類が誕生するまでの過程を、全くの偶然・意味なし・理由なしとみるのか、それとも何らかの必然・意味あり・理由ありとして「宇宙の意志」を認めるのか。どちらかに決めるだけの理論や証拠は今のところ見つかっていないそうです。ということは、どちらであると考えるかは自由な訳ですから、どうせなら「意志」があると考えてみてはどうでしょうか。宇宙の始めに意志があって、あるいは、宇宙そのものに意志があって、その意志に従って星ができ、太陽ができ、月ができ、地球ができ、自然ができ、さまざまな生命が生まれ、やがて知性をもつ人間が現われ、その何万年もの後に、ついには自分が生まれたのだと。

「意味」というのは、私たち一人ひとりが個々の人生のちっぽけな枠の中で勝手に決められるものではなく、宇宙との関わりを考えることで初めて見えてくるもののようです。

ここで、岡野守也氏の「宇宙の中のいのちの意味」をご紹介したいと思います。私自身、岡野氏の多くの著作に深く感銘を受けた者の一人です。以下、長くなりますがそのまま引用させて頂きます。宇宙の誕生から人間の誕生までの流れ・現在の自分の生命までもが連続して切れ目なく続いていることがとてもよくわかり、命の意味を深く納得することができるでしょう。

＊＊＊＊＊

私たちは、もっとも広いスケールでいうと宇宙の中で生きています。生きているということは、何年か前に誕生したということですが、一三七億年前に宇宙もまた誕生した、と現代科学の標準的仮説では言われています。今日は、一三七億年前に誕生した宇宙の中で私たちが十数年から数十年前に誕生して今生きていることの意味を、一三七億年を一年三六五日に縮尺した「宇宙カレンダー」を参照しながら考えてみたいと思います。

常識からは想像しにくいことですが、誕生直後の宇宙は一〇のマイナス三三乗センチメートルに凝縮した一つのエネルギーの玉だった、とされています。この一つのエネルギーが爆発的に拡大しはじめ、その拡大のし方にゆらぎ・ムラがあったためにできたのが現在の多様なものが存在する宇宙だと言われています。「ビッグバン理論」です。

そして、ビッグバン理論が正しいとすると、最初に一つだったものはどんなに拡大しても一つですから、宇宙のすべてのものは今でもエネルギー・レベルで見ればすべて一つ、ということになります。

さて、一三七億年前に宇宙が誕生しなかったら、私も誕生していなかった、と思いますが、どうでしょう？　気づいてみると、宇宙の誕生は私の誕生の前提条件・大前提・最大の初期条件なのです。

そして宇宙が誕生して一〇〜三〇万年くらい経ったら水素原子が誕生していますが、私たちの体の六〇〜七〇

%が水分であり、水は水素原子二個と酸素原子一個が結合したものですから、水素が誕生しなかったら、人間は生きていられない、私は誕生していないと思われます。水素について考えただけでも、私のいのちには、一三七億年の宇宙の歴史が詰まっていると言えるのです。

五月十三日（一〇〇億年前）頃に私たちのいるこの天の川銀河が誕生したらしいのですが、天の川銀河が誕生しなくても、私は誕生したということはありうるでしょうか？

八月三十一日（四六億年前）には、原始太陽から地球などの惑星が分離して太陽系が誕生し、地球が誕生しています。否定的な言い方から肯定的な言い方に変えましょう。四六億年前に地球が誕生したので、四六億年後に私が誕生することができたわけです。

九月十六、七日（三八〜四〇億年前）、地球の海の中で一匹の単細胞の生物というかたちで生命が誕生したと言われています。そしてさまざまな種の生命の遺伝子・DNAの研究によって、すべての生命はそのたった一匹の単細胞生物から枝分かれして進化したことが明らかになっています。すべての生命のご先祖さまである一匹の単細胞生物がが誕生してくれたので、四〇億年くらい経ったら私が誕生することができたということになります。

これらは、ずいぶん遠い昔の話で「私に何の関係があるのか？」と感じるかもしれませんが、よく考えてみると、すべて私の生命の誕生につながっている・関わっていることです。宇宙が誕生し、天の川銀河が誕生し、太陽系が誕生し、地球が誕生し、生命が誕生したから、私が誕生することができたのです。

ですから、遡って考えれば、それらは、すべて私の誕生の準備だった、と解釈することができる、そう解釈するほかないのではないでしょうか。

時間が短いので途中を割愛するしかありませんが、一二月五日（一〇億年前）、たくさんの細胞がつながりあい助け合って一つの生命体になっている多細胞生物が誕生します。この多細胞生物も、実は私たちのご先祖さまで、私たち人間はいまやご先祖さまよりずっと複雑になっていて、六〇兆ぐらいの細胞がつながりあい助け合っている生命体です。

一二月十五日（先カンブリア紀、六億年前）の蠕虫も私たちのご先祖さまで、私たちは神経組織とそれによる感覚能力という進化の遺産を受け継いでいます。

考えてみると、多細胞生物や蠕虫が誕生したから、私が誕生することができたのですね。

一二月十八日（オルドビス紀、五億一千万年前）、最初の脊椎動物＝魚類が誕生していますが、魚も私たちの先祖で、神経管と知覚（特に目・鼻）という遺産を受け継いでいます。

一二月十九日（シルル紀、四億三千九百万年前）には、植物の陸地移住が始まり、二十日（デヴォン紀、約四億八百万年前）頃には、それを追いかけて動物（昆虫）が陸地移動します。

一二月二十一日（デヴォン紀、約四億年前）、それらを追いかけて魚類が両生類に変身して上陸します。そこで本格的な耳が誕生したようです。一二月二十二日（石炭紀、三億六千二百万年前）には爬虫類が誕生し、私たちの脳で言えば脳幹にあたる食欲、性欲、闘争、逃走の本能の中枢が誕生します。二十五日（三畳紀、二億四千五百万年前）、恐竜と哺乳類が誕生しています。私たちは、哺乳類から感情の中枢である大脳辺縁系を受け継いでいます。

二十九日（新生代第三紀、六千五百万年前）に霊長類が誕生し、大脳新皮質を中枢とした知能が発達します。三十日にはヒト科生物（ホミニド）が誕生し、三十一日（第四紀）になって人類（サヘラントロプス・チャイデンシス、六〇〇～七〇〇万年前が最古？）が誕生します。人類では前頭葉が発達し、言葉を使った認識ができるようになります。

こうした進化のプロセスはすべて、根源までたどると一つのエネルギーとしての宇宙の働きですから、宇宙の自己組織化・自己複雑化の歩みであることになります。私たち人間もまたまぎれもなく宇宙進化の産物であり、宇宙の一部です。

ここではごく要点しかお話しできませんでしたが、こうした長いたくさんの出来事がすべて私につながっています。そのつながりのたった一個所でも切れていたら、私は誕生せず、今日ここにはいないのです。ところが、一三七億年のすべての出来事がちょうど私が生まれてくることができるように、一個所も切れないで私のいのちに届いています。

世界的な遺伝学者の木村資生先生は、「生き物が生まれる確率というのは、一億円の宝くじに百万回連続で当たったのと同じくらいすごいことだ」と言っておられますが、まして人間といういのちとして生まれるのはもっと確率の低い、ほとんどありえないくらいの確率のことが、にもかかわらず起ったという意味で、「奇跡」というほかありません。

では、宇宙は奇跡的な自己組織化・複雑化のつながりの果てに、なぜ人間といういのちを生み出したのでしょう。それは、宇宙が宇宙自身の姿を認識しその美しさに感動するためだ、と私は解釈しています。

不思議なことですが、よく考えてみると、約六億年前の蠕虫の神経組織と感覚能力は、宇宙がその一部である蠕虫において宇宙の他の部分を感じ始めたということですし、約五億年前の神経管と知覚（特に目・鼻）において宇宙が宇宙を見たり嗅いだりし始めたわけです。約四億年前、両生類において宇宙は宇宙の響きを聞き始めます。爬虫類において宇宙は宇宙に欲望を感じるようになり、哺乳類において宇宙は宇宙に対して感情をもつことができるようになったわけです。

そしてついに、人間において宇宙は宇宙自身を認識し始めました。すでに感情をもっていた人間は認識をした時、ただクールに認識しただけではなく宇宙の不思議さや美しさに感動したのです。

そういうふうに考えると、人間は、宇宙の自己認識器官、自己感動器官であるというほかないように思えます。宇宙の中に人間・私が存在する宇宙的意味は、まずそこにあると思われます。

そして、認識や感動にとどまらず、代表的にはゴータマ・ブッダのような人―彼も宇宙の一部です―において、宇宙は自らが宇宙であることに覚醒していますから、人間は宇宙の自己覚醒器官となるべくして意識進化の途上にある、それが宇宙における人間といういのちの意味だ、とも考えられるのではないでしょうか。

（岡野守也「講演　宇宙の中のいのちの意味」『サングラハ』第一一五号より）

＊＊＊＊

人間の誕生を宇宙の視点からみると、人間は、宇宙が宇宙であることを自己認識し、宇宙自身の美しさに感動するための自己認識器官・自己感動器官であるというわけです。とても壮大でロマンティックな考え方だと思いませんか？宇宙それ自体が統一性をもった一つの生命体とも考えられます。宇宙の中で分裂したり融合したりしながら、複雑化・組織化し、異なる機能を備えていく。そして人間という生命体は、宇宙自身を認識し、その美しさに感動できる感性を備えられている……。宇宙は一三七億年かけて知性を獲得しましたが、その知性を担う器官が人間であるといってもいいかもしれません。

桜井氏もまた、人類は、地球上の生命の進化に想いを馳せ、遥かな遠い宇宙の構造やその歴史について考え、研究を進めることのできる地球上でただ一つの生命種として形成されてきたと述べておられます。

このような他の生命種には見られない能力を与えられたのだとしたら、この能力を、この宇宙の創造と進化の歴史に対する研究に捧げようと試みるのも運命なのだという言い方もできるであろう。私たち人類という種を構成する一人ひとりは本来、この運命を背負ってこの世に送られてきたのだと私には考えられてならない。

（再掲　桜井邦朋『なぜ宇宙は人類をつくったのか』祥伝社より）

＊＊＊＊

人間が誕生したことを宇宙的視点からみれば、とても大きな意味があることがわかります。言い換えれば、一つひとつの命それぞれに役割があるということです。使命といってもいいかもしれません。宇宙カレンダーの大晦日の夜十一時五十九分過ぎに生れて一秒にもならない自分一人の視点から、自分の人生には意味がないと決めつけるのは、あまりに短絡的な考え方ではないでしょうか。自分の人生には意味がない、自分の命には価値がないと考えたとしても、その自分を作った宇宙の側からすれば、自分が作った命にはすべて、大きな意味があるのです。

そして、宇宙カレンダーからみれば、一人の人生は一瞬です。でも一瞬の短い人生でも、それは決して一瞬ではないと思うのです。なぜなら、私たち一人ひとりはばらばらに生きているようですが、宇宙の視点からみれば皆つながっているからです。

岡野氏は、一人ひとりの命は波や波しぶきのようなものであり、波の基となる海は消えることはないと説いておられます。私たちの人生はばらばらであり一瞬ですが、死んだら終わりですべてが無に帰すのではなく、海に帰ってまたいつか波になる時がくる。海に戻ったり波になったりを繰り返しながら、宇宙の進化のなかに抱かれているのかと、深い安らぎを覚えたものです。

また、人の生は個々の命が生まれて死ぬ間だけのものだけではないとも考えられます。父親と母親のいない人はいません。そして父親と母親にも、それぞれの父親と母親がいます。それはどこまでも続きます。五代前、一〇代前、一〇〇代前、どこまでも。私の先祖は一〇代前までで、それより前には先祖はいないなんていう人はいないのです。私たちの生は命の連続の結果であり、途中で途絶えていなかったことは確実です。そして、命は命からしか生まれてきません。ということは、私たちは命のつながりのなかによってこそ生まれ得たといえるでしょう。私たちの命は、この世に肉体をもって生まれる前に、その前の命とつながっていたことになります。それは当たり前のことなのですが、そうはいわれても、私は私であって、会ったこともない先祖と命でつながっているなんて思えない、というのが素直な感覚かもしれませんが。

宇宙のなかにあるすべてのものは時間的にも空間的にも何らかのつながりをもっており、独立的にそのものだけで存在するものはなく、互いに影響をしあっているのは紛れもない事実です。言い換えれば、すべてのものには意味や役割があるということにも気付かされます。全く意味がない命は一つとしてないということです。

三、宇宙は何を目指して進化しているのか

宇宙の進化がまだこれから何億年も続くとしたら、人間もまた知性以上の能力を発達させていく可能性があるのではないでしょうか。どのような能力を発達させていくかはわかりません。が、少なくとも現在の人間は進化の発展途

上にあると思うのです。

もし宇宙に意志があるとしたら、宇宙は人間にどのような進化を望んでいるでしょうか。もし宇宙に意志があるとしたら、どのような世界が宇宙の意志に適う世界でしょうか。弱肉強食・優勝劣敗の争いの後、ごく一部の人間だけが資源・財産を支配・独占する世界なのか、それともすべての生物が共存共栄する調和の世界なのか。

前者のままではやがてはすべてが滅ぶという結末を迎えるでしょう。でも、そんな結末を宇宙は望むでしょうか。一三七億年もの年月をかけて、混沌としたカオスの状態から、銀河を作り、太陽系を作り、地球を作り、その地球に自然を作り、その自然のなかに単細胞生物を作って、ついには自己認識器官・自己覚醒器官を備えた生命まで作って、ようやく宇宙が宇宙自身に目覚め、宇宙自身の意味を自ら考えるようになったのに、最後には欲望をコントロールできなくなって、挙句の果てはお互いに殺し合って自滅していくとしたら、宇宙自身、どんなに無念なことでしょうか。

宇宙の意志が調和の世界の実現であるとしたら、それを実現させる性質・能力を人類が獲得していくように、宇宙自身が働きかけるのではないでしょうか。現在の地球上のすべての生命種のなかで、人類は最も高度な知性を備えています。

その知性をどのように使うのか。人類に幸せをもたらす使い方をするためには、道徳や倫理が必要であり、それを司るものを理性とするなら、人類の理性の発達はまだまだ遅れているといえるでしょう（桜井、二〇〇八）。

遠い将来にも人類が生き残るためには、欲望をコントロールし、争いをやめ、お互いに助け合う利他的な調和の世界を志向することが必要です。そのためには理性の獲得が不可欠です。理性の獲得もまた、宇宙の意志であると思うのです。

今回の震災で被災された方たちの行動は、間違いなく理性的な行動でした。恐怖や悲しみ・不安を抑え、飢えや寒さに屈することなく、略奪も暴動も起こさず、泣き喚いたり怒鳴り合ったりすることもなく、自分のことよりも他者を思いやり、分かち合い、譲り合って耐えておられました。日本人の理性の高さをみる思いが致します。

四、「霊性」の獲得

理性の高さと同時に、日本人の魂の底には高い霊性があるような気がしています。日本人は昔から、自然を征服するのではなく、自然と共に生きてきました。地震や津波、火山、台風と、世界のなかでも日本は特別に天災の多い国といえるでしょう。山折哲雄氏の本からの孫引きですが、地震学者の寺田寅彦氏は、文明が進めば進むほど天然の暴威による災害はその激烈の度を増すと書いておられるそうです。素人考えで間違っているかもしれませんが、これには二つの意味があると思います。一つは文明を発達させるための自然破壊による災害の規模の強大化です。近年の温暖化現象や大雨・洪水・土石流・液状化現象などは、オゾン層の破壊・森林伐採・埋め立て・掘削・護岸工事など、人間の手に依る自然破壊によって引き起こされたといえるでしょう。もう一つは、文明の発展の結果造られた物による被害の深刻化です。たとえば震度七の巨大地震が無人島で起きても被害はゼロに等しいが、人口の密集した大都市で起きればその被害は甚大になります。幾ら耐震構造の建物だから大丈夫だとうそぶいていても、地震発生時にその建物の中にいるとは限りません。また、想定を超えた震度の地震が絶対に起きないとは誰にもいえません。そもそも自然の力を人知で「想定」できると考えたり、人知を超えた自然災害に対しては「想定外」とすること自体が畏れを知らない人間の慢心・愚かさだと思うのです。

（1）失われかけた謙虚さ

自然の前には人の力は無に等しいということが、今回の地震と津波の被害を見て深く思い知らされたことです。人間の力で何でもできる、自然を支配し管理することもできる、耐震構造・免震構造などの建築技術や、高い防波堤を作れば被害を防ぐことができるといった驕りや慢心が、被害を大きくしたと思われます。自然に対する謙虚さを失ったということです。昔の人は、自然を畏れることを知っており、津波の危険を後世の人に伝えるための石碑が日本国中に建てられています。その数は東北だけでも二〇〇に上るそうです。自然の猛威と共存するための知恵といえるでしょう。

自然に立ち向かうのではなく、自然と共存するという古人の知恵も、文明や科学技術の発達によって軽んじられ、忘れられてきました。日本三景の一つである宮城県の松島は、たくさん浮かぶ島々が天然のテトラポットとして機能したおかげで津波の力を弱めることができ、被害が小さく抑えられたそうです。自然を支配し克服しようとするのではなく、自然万物に神を見出し、自然の恵みに素直に感謝し、自然の力を正しく畏れてきた日本人は、自然と共存する知恵と生き方を育んできました。それらが失われかけ、増長した日本人の傲慢さをもう一度見直すきっかけとなったのが今回の大震災であったと思います。

（2）五感だけではない

人間には五感がありますが、それだけで世の中のことをすべて知覚することは可能なのでしょうか。色にしても人間が見ることのできる範囲は限られていますし、音も超音波という音は人間には聞くことができません。五感で感じられる世界だけで世界を理解しようとするのはとても狭い味方ですし、誤りを犯しやすいとさえ思えます。

最近パワースポットというのが流行っていて、若い人たちが大勢訪れているようです。このパワースポットというのはどのようなものなのでしょうか。磁場とか、エネルギーが強い場所という説明がなされ、それなりに科学的根拠もあるようですが、では、そうした場所はどのようにして発見されたのでしょうか。

神社などで磐座という巨大な岩にしめ縄を巻いているのを見かけることがあります。また、ヒモロギというものもあります。やはり神霊が宿る木としてしめ縄を巻いています。ご神体として古代から大切に守られ、祀られてきたものです。その岩や木からエネルギーが出ているとか、波動が出ている、光が出ているという人もいますが、それは単にその人の錯覚とか思い込みなのでしょうか。原始的信仰の名残とか迷信という人もいるでしょう。が、それだけではないのではと思うのです。

私はそうしたことにあまり敏感ではないので、波動も感じないし光も見えません。でも何か意味はあるのだろうと思います。古代の人には現代人にはない感覚あるいは能力があり、その岩に何らかの力を認め、畏れ、敬ってきたのでしょう。だからこそ、何百年も人々に守られ、祀られてきたのだと思います。

（3）人間が根源的にもっている自然への畏れ

脚本家の倉本聰氏は、現代の生活に闇が失われたことが謙虚さの喪失につながったと指摘しておられます。

「自然の中でいろいろな経験をしてきましたが、闇が一番怖い。暗闇の中にいると、人間は卑小なものだということに気づきます。闇の中には何かがいるという精神的な恐怖があるんですよ。何かとはお化け、魑魅魍魎に始まり、その先にはサムシング・グレートがいる。人間は謙虚にならざるを得ないんです。東京には真の闇がない。もう一度、闇の怖さを知り、文明社会を見つめ直すことが大事ではないでしょうか。」

(http://blog.goo.ne.jp/orange1u5/e/16f7055d06f56d53bacb3197cfda28fb)

夜が明けて日が昇ると、どんなことでもできそうな勇気が湧いてきます。ところが日が落ちて夜の帳が下りてくる頃には、昼間とは違う心細さや淋しさ、孤独感が胸の中に広がります。そして、人の一生の短さや儚さ、弱さに否応なく向き合わされます。

一方で、夜の空を眺めていると不思議な安らぎを覚えます。自然に抱かれているような、宇宙に吸い込まれていくような感覚です。そして、昼間、心をかき乱した人間関係や仕事上のトラブルなどが急につまらないものに思えてきます。すべてを許せるような寛容な気持ちが胸に広がります。同時に、自分もまたすべてのものから許されたい、許されている、といった気持に満たされていきます。ところが、そうした安らかな気持ちはなぜか翌朝日が昇り、日常の喧騒に巻き込まれると、一変に失せてしまいます。

慌ただしい現代社会では、心を安らげる時間が失われ、大自然の前であるいは大宇宙のなかで、本来の自分自身に立ち返る時間をもてないままに、人間が本来もつべき謙虚さをなくしてしまうのではないかと思います。さらには、霊性というものも日常生活の塵埃にまみれ、ますます人の心を荒ませるのではないかと憂うるのです。

(4) 日本人の宗教的感性の高さ

『池上彰の宗教がわかれば世界が見える』（文春新書）内で池上彰氏と釈徹宗氏（浄土真宗本願寺派如来寺住職）との対談があり、釈氏は次のように仰っています。

＊＊＊＊

個人的な意見ですけど、どうも日本人は「場」を感じる宗教性をもっているのではないか。たとえば宗教にまったく興味のない人でも、お寺の本堂で座っていると何とも言えない気分になるとか、あるいは教会で美しい讃美歌を聴くと、すごく静謐な気分になる。その場の宗教性を感じる力がある。だから、無宗教を標榜しているからといって、宗教性が貧しいわけではなく、非常にアンテナの感度がいいんじゃないかと思うんです。

（池上彰『池上彰の宗教がわかれば世界が見える』（文春新書）より）

＊＊＊＊

日本人は無宗教というけれど、日本国内には八万もの神社があります。お寺も相当な数に上るでしょう。またよくいわれることですが、別に神を信じていなくても初詣に行く人も多いでしょうし、都会の路地裏にちょっとした祠があって、そこにはいつも生花がお供えしてあるといった光景を見たりもします。こういったことも日本人の奥底に、神仏に対する感謝とか畏敬の念がごく自然に根付いていることの証だと思うのです。特別な開祖がいて、その教えを熱心に信奉したり、特別な宗教的行為をしなくても、まるで空気のように自然のなかに神霊の存在を感じ、肩ひじ張らずに手を合わせられる。誰かが見ているとかいないとかとに関係なく、生活のなかに染み込んでいる……。それが日本人の宗教性なのではないかと思います。そして、その宗教性が霊性なのでは、と思っています。

霊性というと、霊感とか霊能といったことを連想するかもしれません。でも、そうしたものとは違います。霊性という言葉を私が初めて知ったのは五～六年前でしょうか。それから自分でもよくわからないまま使ってきました。その間、霊性についての本を読んでみたりしながら、関心を払ってきました。そんな生半可な理解の私が、厚かましくも卑見を披歴致しますことをお許しください。私自身、根拠や証拠をもっているわけではないし、確信があるわけでもないことを予めお断りしておきます。ただ、霊性というものを自分なりに理解したくてああでもない、こうでもないと考えてきて、今の段階で私が考えている限りのことを述べさせて頂きます。異論もおありでしょうが、それに対して論駁するつもりもありませんので、悪しからず。

（5）神秘を感得する精神の働き

霊性とは、人間の意識の奥底、魂の奥底に太古から眠っていて、人が自然の一部・地球の一部・宇宙の一部であることを感じ取る意識（無意識？）であり、また、人間の生命が個々ばらばらなのではなく、人間の祖先、さらには最初の生命、さらには宇宙の始まりにもつながっていることを感じ取る意識（無意識？）であると思います。

先ほど、人類は、最初の生物である単細胞生物から徐々に複雑になり、感覚・感性、知性を獲得してきたといいました。でも、この霊性というのは、徐々に身に付けていくものではなく、魂の奥底に、生命の始めから息づいていたものだと思います。霊性とは、誰かに教えられたりして後天的に身につくものではないと思います。ダウン症の書家、金澤翔子さんのエピソードをご紹介します。

*****

翔子の神秘力

―神秘・私にはまだ具体的に捉えることのできない時空、

それを翔子は確かに感じている。

我が家のベランダの真下に見える廃屋の庭に、夾竹桃の大木が茂っている。白い花が大量に咲いた。総身が花盛りの大木を、真上から眺めたことがありますか？ その見事さはたとえようがない。花の量はおびただしく、白い海原のように豊かに風にうねる。朝日を浴びると白く輝き、花の周りの光の輪が一斉にゆらぐ。月の光にさえ照り映えて、暗闇にほんのり白光を放つ。阿弥陀経にある白色白光とはこのことか、と思う。この光景の前では、何故か神や命のことに想いが至ってしまう。これが神秘というものなのでしょうか。

ある朝、ベランダで翔子がこの白い花に手を合わせて、深々と頭を下げていた。まるで神に向かって祈りを捧げているようであった。何をどのように感じて手を合わせたのか。この花の想いと翔子の波動が感応したのだろうか。想えば翔子はこのような神秘的な光景に出会うと、いつの間にか小さな手を合わせて祈っている。横浜の、高台のマンションに住んでいた頃、大きなガラス戸の外に、神々しいほど銀色に煙るラピスブルーの雨が降りしきっていた時、翔子はその果てしない雨の空間に向かって手を合わせていた。その姿に私は感動した。その後も何度か、翔子のこの、息をのむような光景に出会っている。神という観念も、宇宙という概念もないのに、美しさの向こうに、翔子は確実にありありと何かを見ている。時折、翔子の頭の中、心の中はどうなっているのか、見てみたいものだと思うことがある。

（金澤泰子『天使の正体』かまくら春秋社より）

＊＊＊＊

神秘を感じるということが霊性の働きの一つなのではないかと思います。知性が知能テストなどで測れるとしたら、霊性とは、どのくらい自然や宇宙のなかに神秘を感じ、畏敬の念をもてるかによって測れるのかもしれません。

唯物論的思考が席巻している現代社会ではそうした意識も鈍くなり、どこかに忘れ去られてしまった感があります。でもそうした意識がふとした瞬間に呼び覚まされることがあります。大自然の美しさや荘厳さを前にした時、たとえば空いっぱいに広がる真っ赤な夕焼けや樹齢何千年もの杉の大木を見た時、思わず手を合わせたことはありませんか？また、命の危険を感じた時、たとえば乱高下する飛行機に乗っているとき、「神様、助けて！」と手を合わせて祈りたくなったことはありませんか。普段神仏を信じない人でも窮地に立たされた時には神仏にすがりたくなるでしょう。科学的で知的な職業の代表のようなお医者さんでさえも、自分が執刀する大手術の前には手術の成功を祈るそうです。神に向かってかどうかは知りませんが。

自然と対峙する職業の人は、得てして神仏に対して敬虔なようです。農業・漁業など自然に直接に向き合って働く仕事の人はもとより、航海士のような方も自分の操縦する船の操縦室には神棚を設け、毎日神様にお祈りすると仰っていました。そうした祈りには科学的根拠もなく、単なる迷信や世迷言、気休めに過ぎないと考える人も多いでしょう。ただ、私は、人間の心のさらに奥底、魂のなかに、自然とのつながりを感じ、自然を畏れ、自然に感謝し、そして魂の根源を求める意識があり、それが霊性だと思います。

では霊性を備えていることの必要性は何でしょうか。感覚から感性へ、知性へ、そして理性へと、生命種は順を追って、必然的に複雑化・高度化したように思われます。生きていく上で、何らかのメリットがあって、そうした器官や能力を発達させてきたと考えられます。では、霊性にはそのような必然性があるのでしょうか。

恐らくあるのだと思います。人間のなかに、神秘を感じる精神性というものがあるとしたら、それは無意味にそういう性質があるのではなく、何らかの意味があって備えられているのだと思います。その役割が何かに明解に答えるのは難しいことです。が、逆に考えてみると、やはり霊性は人間にとって大切な精神性なのではないかと思えてきます。自然に対して、宇宙に対して、何の神秘も感じず、感謝も畏れも抱かず、物質と今（現世）だけを信じ、自然の恵みを濫伐乱用しても何とも感じないようになったとしたらどうなるでしょうか？

知能や学歴は高いが宗教も信仰心も皆無の人間と、学歴も学問もないが真摯で敬虔な信仰者（仏教でも、キリスト教でも、宗教を問わず）とでは、どちらの人間を信頼、あるいは尊敬できるでしょうか。田舎で小学校しか出ていないようなお年寄りが、毎日田んぼに行く時と帰る時の道端にある古びたお地蔵様に手を合わせていく姿に、私は尊さを感じずにはいられません。

霊性というのは人間の根源にあるもので、それがあるが故に人間を他の動物とは異ならしめているものと思うのです。そしてその霊性が、唯物的な現代において次第に軽視あるいは無視されてきていることに、このままでいいのかという漠とした不安を覚えます。

(6) 客観的事実だけではない　主観的事実の存在

浄土真宗僧侶滝沢満之氏は、科学と宗教について、客観的事実と主観的事実ということばで説明されています。科学は事実と原理を根本として成立するものであり、科学の事実は科学的原理に基づいた手法により観察される範囲の事実に限られる、つまり、「科学的事実」は客観的に推論され実証されるものに限られてしまう。一方、宗教は主観的事実であるとして、神仏の存在を客観的事実の立場から否定することに疑問を呈しておられます。科学と宗教とでは、そもそも存立する根拠が異なるのですから、科学で証明できないからといって、それを神仏の存在を否定する根拠とするのはおかしいということでしょう。

また次のようにも仰っています。神仏が存在するから神仏を信ずるのではなく、神仏を信ずるが故に、私たちに神仏が存在するのであると。

滝沢氏の主張は人間の霊性に通ずるのではないかと思います。霊性にしても神仏にしても、科学的に証明はできないでしょうし、そもそも現代の物質を扱うだけの科学にはそぐわないものでしょう。霊性とは何かを説明するためには、その働きを取り上げて、霊性というものを捉えるしかないと思うのです。その働きとは、神仏を信ずるが故に神仏が私たちに存在すること、すなわち神仏や霊との何らかの意識（無意識にしても）の交感を可能にするものだと思います。

科学的に証明できないために、いくらでも批判・否定することはできます。しかしそうした何らかの霊的体験をした人が大勢いるという事実も認めなければならないと思います。認めることで豊穣な精神性が新たに切り拓かれることを期待します。

（7）異次元の世界の存在

ハーバード大学の物理学教授リサ・ランドール氏は、私たちの暮らす三次元世界は五次元世界に組み込まれているという論文を発表して、一躍注目を集めました。一次元の世界に生きていると二次元世界の状態がわからず、二次元世界に生きていると三次元世界はわからないように、三次元世界の人間には四次元・五次元の世界は、想像のつかないものであるということです。

異次元の世界に関して、私は木村秋則氏の不思議な体験を想起しました。木村氏は青森県で無農薬・無肥料でリンゴ栽培に成功された方です。その壮絶な闘いの記録はＮＨＫの「プロフェッショナル　仕事の流儀」という番組でも紹介され、反響を呼びました。本もたくさん出されています。そのなかで、木村氏自身がとても不思議な体験について書かれています。その体験とは、龍を見たという体験です。

＊＊＊＊＊

別の時間

高校二年生の七月に、生まれて初めて不思議な体験をしました。

田植えが終わって、夏休みまでもう少しという時期でした。

授業を終えて自転車に乗り、いつもの帰り道をふらふらとこいでいました。早く帰ると畑の手伝いをさせられるので、なるべくのんびり走って時間を稼ぎたいのです。

通学路は大型トラックがすれ違える幅員六メートルの道です。わたしは左側を進んでいて、右側の前方には同じ方向に歩いているオヤジさんが見えました。

オヤジさんはつなぎを着て、タオルをはちまきのようにして頭に締めていました。すぐ近くには田んぼとパルスモーターという超精密なモーターを作っている工場がありましたから、どちらかで働いている人なのだろうと思いました。ともかく、そんな風体のオヤジさんが前方を歩いていたのです。

ゆっくりこいでも自転車ですから、あっという間に前方のオヤジさんに追いつきました。

左横には、すぐ先の十字路の交差点まで続く、垣根のような防風林がありました。その内側には湧き水が出る水飲み場があり、学校の帰りにときどき寄り道をしては水を飲んで帰っていました。

のろのろと自転車で走りながら、「あ〜、早く帰るのも嫌だし、どこかに寄っていこうかなぁ……」などと考えていたそのとき、道路の反対側をてくてくと歩いていたオヤジさんの動きが、ピタッと止まってしまったのです。

それも片足を挙げたまま。

「あれ?」

オヤジさんを注意深く見ていたわけではありませんが、なんとなく目の端で捕らえていました。それがピタッと停止したからびっくりです。自転車に乗ったまま足を着いて止まり、オヤジさんの様子をしっかりと見ましたが、やはり歩いている途中、まるで時が止まったように片足を浮かして固まっていました。

「オヤジさん、なにしてんだ?」

パントマイムのように完璧に止まっているオヤジさんに目をぱちくりさせていると、左側にある防風林の上から、いきなり巨大なワニの親分みたいな顔がドテッと現れたのです。

半端な大きさではありません。防風林の向かいにある梅干屋さんに届くくらいの長さで、道路いっぱいに恐ろしげな顔を広げています。わたしの位置からは長く伸びた口元と、人間の太ももくらいある太いヒゲが、なまずのヒゲのようにうにょうにょと動いているのが見えます。ワニの親分の目はまだ後方にあるらしく見えません。そんなものが突然目の前に現れたのです。完全な思考停止に陥りました。ただ呆然とそのゴツゴツした顔を見ているしかありませんでした。

しかし、助けを求めるとか、逃げだそうという気持ちにはなりませんでした。

ふと見ると、オヤジさんは相変わらず動いていません。依然として地面から片足を離したままで、構図も変わっていません。そのときようやく頭が動き、

「もしかしたら、時間が止まっているんじゃないの?」

と思いました。

次の瞬間、巨大なワニの親分は、防風林を曲がったところにある松の木に移動していました。どアップの顔しか見えなかった先ほどと違い、離れてみてようやく全体像がつかめました。

龍でした。

そこで初めて自転車から降りました。オヤジさんの足が止まって龍の顔が目の前に現れてからは、あまりに驚きすぎてからだの動きもほとんど停止していたのです。

龍がとまった松は、むかしからそこに二本並んでいる松でした。一本は細く、隣りに太い松がありました。巨大な龍ですから、太い松のほうにいるのかと思ってよく見ると、なぜか細い松の先端にしっぽだけを引っかけるようなかたちで空に向かって伸びていました。すずめが乗ってもしなるような松の先に絡まりながら、軽々と浮いているのです。

「あんなにリアルに見える龍なのに、一グラムもないのかな?」

そう考えながら、しばらく見ていました。龍が頭を上げて天を見ていたこともあり、

「ああ、そろそろ帰っていくんじゃないかな」

と思った瞬間、空に向かって一直線に飛んでいったのです。くねくねとした動作ではなく、真っすぐに飛んでいきました。

次第に小さくなっていく龍の姿を、一本の糸のようになるまで見送っていましたが、やがて雲のなかに消えていきました。

横を見ると、オヤジさんが歩きはじめていました。なにもなかったように、止まる前から続く動作のように自然に歩いていました。

わたしはこのとき、人間が感じている時間と、そうではない時間、その両方を認識できたのではないかと思います。その中間地点に入ったのかもしれません。

（木村秋則『すべては宇宙の采配』東邦出版より）

＊＊＊＊＊

何とも不思議な体験です。俄かには信じ難いお話です。木村氏はメカに詳しく、研究熱心で科学的・論理的思考もできる人です。でも、こんなことを本で発表したことで偏見をもたれてしまうかもしれません。周りの人もイメージダウンになることを心配し、発表するなと忠告したそうですが、木村氏は敢えて本にされました。木村氏ご自身、伊達や酔狂でこんなことをわざわざ本にしたり公言したりされているわけではありません。木村氏にとっては無農薬・無肥料でリンゴ栽培に成功したことも、数々の神秘体験をしたことも、どちらも真実なのです。木村氏の神秘体験を疑う理由も根拠もありませんし、木村氏という真摯で実直で強靭な意志をもち、科学的知識も豊富な方がおっしゃるのだから、不思議な世界があることを素直に受け容れるしかありません。今後何らかの形で証明されることを願うばかりです。

私たちは自分のいる空間だけがすべてだと思っていますが、その空間とは別の空間があり、また、時間の流れも私たちが感じている時間だけではなく、別の速さで流れる時間があるのではないでしょうか。木村さんは私たちの時間の流れと別の時間の流れに、偶然入り込んでしまったのだと思うのです。

また、龍という生き物は架空の生き物、伝説や民話のなかで創られた想像上の生き物だと考えられていますが、ひょっとしたら、私たちの生きている次元とは異なる次元に実在するのかもしれません。洋の東西を問わず、「龍」というものは民話などのなかに表れてきますが、皆同じような形をしています。まるで申し合わせたかのように。通信手段も発達しておらず、互いの往来もなかったような時代に、なぜこんなにまで似たような生き物が、民話のなかとはいえ、表れるのでしょうか。一部の人かもしれませんが、確かにそのような生き物を見たからこそ、民話のなかで伝えられてきたのではないでしょうか。

人間の五感や三次元世界、物質的レベルだけがすべてであり、それ以外のものは存在しないという思い込みを改めたほうがいいのではないか、そのほうが、より真実に近づけるのではないかと思うのです。

物質だけがすべてであり、それだけを扱う方が「科学的」「合理的」「知的」と称賛される現代の風潮のなかで、果たしてそれだけが人間・生物・自然・宇宙のすべてなのかという疑問は広がるばかりです。唯物的思考のみで突き進んでいくことで、とても大きなものを見落とすのではないか。とても大きな過ちを犯すのではないか。「非科学的」として排除されるもののなかにも、物質的レベルでは説明できない真実が潜んでいるのではないかと思われてなりません。

宇宙には意志があり、進化の壮大なプログラムがあって、人間はそのプログラムのなかで命を与えられ、そして今後も何千万年もかけて進化するように運命づけられていると考えることは、とんでもなく非科学的で馬鹿げているかもしれません。ただ、人間の知性を過信し、三次元での物質的現象のみを事実と考えることの方が、ときに遥かに愚かしくも傲慢にも思えてくるのです。

五、霊性の健康

世界保健機関（ＷＨＯ）の憲章前文での健康の定義について、一九九八年physical, mental, social well-beingに新たにspiritualということばを付加することを総会に提案することが理事会の賛成多数で採択されました。結局総会では審議入りをしないまま採択は見送られましたが、興味深いことです。spiritualな健康とはどのようなものなのでしょうか。

以下に、身体の健康、心の健康、と考えていきながら、最後にspiritual（ここでは魂と訳します）すなわち魂の健康について考えてみたいと思います。

（1）身体の健康 ① 日常の生活習慣を正しくする

まず、身体の健康ですが、これは一番お馴染みなのではないでしょうか。テレビ・雑誌などでもよく「健康特集」が組まれています。基本的には食べ物（健康食品、自然食などを摂る）と適度な運動や呼吸の仕方に気を付けていれば、取り敢えずは身体の健康は保たれると考えられるでしょう。なかにはサプリメントなどの栄養補助食品に凝り過ぎて食事よりもサプリメントに頼ったり、極端なまでに自然農法や有機栽培に拘る健康オタク的な人もいるようですが、気にし過ぎるとかえって生活しにくくなるような気がします。

また、昔からいわれている早寝早起きなどの規則正しい生活も大切でしょう。朝日を浴びることはいろいろな意味で健康に有効だそうです。ところで、最近「除菌・殺菌」など、極端に清潔さに拘る傾向があるようです。悪性のインフルエンザなどが流行したりするので致し方ないのかもしれませんが、あまりに清潔にしすぎると、善玉菌まで殺菌してしまったり、白血球の働きが狂って善玉菌まで攻撃してしまい、本来もっている免疫力が低下してしまうケースもあるそうです。身体の健康に拘るあまり、極端な健康法の実践によってかえってバランスを崩すのでは本末転倒です。

(2) 身体の健康 ② たしなみをもつ

食習慣や規則正しい生活ということ以外にも、身だしなみを整える、整理整頓を心掛ける、といったことも大切です。休みの日、誰にも会わないからとか、どこにも出かけないからといって一日中パジャマでだらだら過ごす人がいるかもしれません。私の場合、そういう日は逆に疲れが取れないばかりか、何もかも面倒で何もしたくないという無気力感・倦怠感が残ってしまいます。誰にも会わなくても顔を洗い、髪を整え、パジャマは着替えたほうが、気持ちが引き締まり、気だるさも解消されるのはないでしょうか。

五木寛之氏の『大河の一滴』(幻冬社)でもC・W・ニコル氏の話として次のようなことが書かれています。

＊＊＊＊

南極などの極地では、長いあいだテントを張って、くる日もくる日も風と雪と氷のなかで、じっと我慢して待たなければいけないときがある。そういうときに、どういうタイプの連中がいちばん辛抱づよく、最後まで自分を失わずに耐え抜けたか。ニコルさんに言わせると、それは必ずしも男らしい男といわれるタイプの人ではなかったそうです。

たとえば、南極でテント生活をしていると、どうしても人間は無精になるし、そういうところでは体裁をかまう必要がないから、身だしなみなどということはほとんど考えなくてもいいわけです。にもかかわらず、なかには、きちんと朝起きると顔を洗ってひげを剃り、一応服装をととのえて髪もなでつけ、顔をあわせると「おはよう」とあいさつし、物を食べるときには「いただきます」と言う人もいる。こういう社会的なマナーを身につけた人が意外にしぶとく強く、厳しい生活環境のなかで最後まで弱音を吐かなかった、というわけです。これはおもしろい話だと思います。

礼儀、身だしなみ、こういうことは極限状態のなかでは最後に考えることのような気がします。しかし実際には、そういうなかで顔をあわせたときにきちんと「おはよう」とあいさつのできるような人、「ありがとう」と言えるような人、あるいは朝、ほんのわずかな水で顔を洗い、ひげも剃って、それなりに服装をととのえ、そして他人と礼儀を忘れずに接するという、小さいときからの自分の生活態度をずっと守りつづけたようなタイプの人のほうが、むくつけき頑強な熊のような大男よりも、かえって最後までがんばり抜いて弱音をはくことがなかった、という。そんな話を聞いたりすると、うーん、それも新しいサバイバルの方法であるな、という感じがします。

（五木寛之『大河の一滴』幻冬社より）

＊＊＊＊＊

同様のことは、二〇一〇年チリの落盤事故でも当てはまります。鉱山の落盤で、三三人が地下七〇〇メートルに閉じ込められ、六九日後に全員無事救出されました。このときも、閉じ込められていた間、地下では強いリーダーシップの下、規則正しい生活を心掛け、それぞれが役割をもち、そして毎日祈りの時間をもったそうです。

（3）心の健康 ① ささやかなことにも感動・感謝する

心の健康としてはどのようなことが考えられるでしょうか。人間には喜怒哀楽がありますが、いつも怒ったり悲しんだり、憎んだり恨んだり、妬んだり羨ましがったりしているのは健康的とは思えません。やはり、明るく楽しく、元気で感謝に溢れている状態のほうが健康な心であるといえるでしょう。そのためには、あまりに自分の欲望に囚われ過ぎないことが大切です。金欲・物質欲・名誉欲などに執着し過ぎて、どこまでいっても際限なく欲しがり、満たされることのない心は、ともすれば不平不満や恨みつらみに転じていきがちです。「吾、唯、足るを知る」という言葉をしっかりと受け止めたいものです。

小さなことに感動したり感謝できることも不可欠です。日常生活のなかで、空や雲、木々の緑、道端の草花、鳥や虫の声、風の音や香り、そうした何気ないことに心の安らぎを覚えることも感動の一つです。特別贅沢なご馳走ではなくても空腹な時に食べる一個のおにぎりをおいしいと感じたり、家族で会話しながら囲む食卓での賑やかな一時もささやかな感動なのではないでしょうか。人生のなかで、どれだけ多く感動したり感謝できるかが、心の健康につながり、かつ幸福の一つの目安になると思います。

（4）心の健康 ② ことばを整える

ことばの使い方にも健康的なものと不健康なものがあるようです。人の心はことば一つで明るくもなれば暗くもなります。慰めを与えることもできれば、深く傷つけることもできます。ことばのもつ力といってもいいでしょう。だからこそ、ことばを使う時には、健康的な使い方をするように心掛けることが必要です。

日本人は古代から、ことばには「言霊」が宿ると信じてきました。いい言霊を発すれば、いい言霊の世界が開かれるのです。日々の生活のなかで、自分がどのような言霊を発しているかを振り返り、できればいい言霊を発することをお勧めします。

では、健康的なことばの使い方とはどのような使い方でしょうか。それは、感謝の言葉（ありがとう、おかげさまで、頂きます、ごちそうさま）、ねぎらいの言葉（ごくろうさま、お疲れさま、がんばりましたね）、いたわりの言葉（お元気ですか？　寒くありませんでしたか？　お気を付けて）、などを多く使えば、そのことばを発した自分も、そのことばを受けた相手も、きっと勇気や元気を得ることができるでしょう。他にも、感動や喜びを伝えることも健康的なことばの使い方といえます。それから、他人のよいところを褒めたり、さらには他人の幸せを祈ることばも、最高に健康的なことばではないでしょうか。

逆に、不健康なことばの使い方としては、悪口や嫌味、相手を貶める言葉、相手を呪うことば、不平不満や愚痴などがあります。自分を卑下したり責めたりすることも、決して健康的なことばの使い方とはいえず、いい影響はもたらさないでしょう。

ことばが変われば　心が変わる。
心が変われば　行いが変わる。
行いが変われば　生き方が変わる。
生き方が変われば　人格が変わる。
人格が変われば　運命が変わる。
運命が変われば　人生が変わる。

人は自分を変えることはなかなかできません。先にも述べた、健康的な生活や精神状態を継続することは難しいものです。そんな人は、まずはことばを変えてみることです。たとえば、誰かと口げんかをしてイライラしている心を直ぐに穏やかにすることは困難です。こちらにはこちらの言い分もあるし、これまで我慢してきた不満もたくさんあります。相手に言われたことには倍にして返したい憤懣でいっぱいです。でも、そんなとき、「ありがとう」「ごめんなさい」と心の中で、できれば声に出して、言ってみてください。悔しくても、腹立たしくても、一言ことばにすると、思いもかけないほど心が軽くなるはずです。

ことばが心を変えるのです。そして、そうした積み重ねは、いつかその人の行動や人格にも表れます。

たとえば、部下に気軽にねぎらいのことばをかけたり、よいところをほめる上司は、それだけでも人格者として周りから慕われ、さらには部下も、「この上司のためなら残業もいとわないで頑張ろう！」という気持ちになるものです。その人の周りには自ずとそうした思いが広がっていき、やがては人生さえも好転させていくことでしょう。逆も真なりです。口汚く人を罵ったり、怒鳴りつけてばかりいる人は、思いやりや配慮も欠けており、行動も乱暴で、結局は人は離れていってしまうものです。

(5) 心の健康 ③ プラスに考える

さらに、悲観的に考えるよりは楽観的に考えることのほうが心の健康に寄与するでしょう。松下幸之助氏はいつも、自分は運がいいとおっしゃっていたそうです。たとえば釣りをしていて岸壁から海に落ちたときも、自分は運がいい、これが冬の海だったら自分は死んでいたところだった、自分は運がいい、というように、何事もプラスに転じて考えていたそうです。プラス思考は心を健康にし、人生の幸福や充実感にも影響すると思うのですが、いかがでしょうか。

(6) 心の健康 ④ 大きな目標・目的をもつ

希望や目的をもつこと、できれば、自分個人の小さい目的ではなく、大きな目的をもつ方が人間は頑張れるようです。自分個人の小さい欲求欲望は、たとえ満たせたとしても、その喜びも感動も自分個人に留まる小さいものです。自分を超えた他人のため、家族のため、友達のため、地域のため、社会のため、国のためと対象が広がれば広がるほど、湧いてくるエネルギーは大きいような気がします。

本書を書いている途中、なでしこＪＡＰＡＮが女子ワールドカップで優勝して、日本中に明るい感動をもたらしてくれました。印象的だったのは、キャプテンの澤穂希選手が、「神様が導いてくれた」「シュートの瞬間神様が下りた」とおっしゃっていたことです。同様のことは、二年前のＷＢＣで優勝したときの決定打を打ったイチロー選手も仰っていました。メンバーの全員が自分個人のことよりも、被災した人たちのため、日本のためという強い思いを胸に抱いていたことが、彼女たちのもっている力を最大限に引き出したのではないでしょうか。

(7) 魂の健康 ① 生まれてきた意味・生きる意味に気づく

最後に、魂の健康について考えてみたいと思います。魂とは、物質的実体として捉えられるものでもないし、科学的・医学的に証明できるものでもないでしょう。でも、物質的実体がないからといって、絶対にないということはできないと思うのです。では、魂の健康とは何でしょうか。また、どうすれば魂を健康にすることができるのでしょうか。

一言でいえば、自分の命の役割（使命）と生きることの意味に気づくことです。自分の思い通りにならないことのほうが多い人生のなかで、絶望したり自暴自棄にならず、忍耐強く、失敗や挫折・困難を乗り越えていく秘訣は、すべてのものには意味があると考えることです。自分にとって辛いことや苦しいことは、その人を成長させるために課せられた課題であると考え、その意味を見つけていくことです。『夜と霧』の著者フランクルは「絶望＝苦悩－意味」と言っています。どんなに困難で苦しい状況であっても、そこに意味を見いだせれば、人は絶望を乗り越え、生きていけると思います。言い換えれば、人生のなかに起きることにはすべて意味があり、無駄なもの、意味のないものはないということに気づくことです。

しかし、その意味や役割を見いだせないと、人は自分の人生をつまらないと考えたり、生きていても甲斐のないものだという気持ちになってしまいます。

今の時代、自分の生きる意味や自分自身の価値を見出せずに、虚無的・無気力・無関心・無感動になっている人が多いような気がします。私は私、他人は関係ない。自分が望んで生まれてきたわけでもないし、どのように生きようが自分の勝手だ。死ぬのも自分の自由であり、権利なのだ。どうせ死ぬのだから、好き勝手に生きたほうがいい。他人に迷惑さえかけなければいい。いや、他人に迷惑をかけても、法律に触れなければいい。いや、法律に触れても見つからなければいい。挙句の果ては、逮捕されても何とも思わないし、刑務所に行くことも全く何とも思わない、どうでもいい、といった気持にまで荒んでいきます。

こうした殺伐とした心の在り方を変える一つの解決策は、この世での役割（使命）がない人は一人もいないということに、気付かせることではないでしょうか。その役割（使命）とは、有名大学に入るとか、大企業に就職するとか、立身出世するとか、有名になるとか、金持ちになるといった、現世的な成功とは全く関係ありません。

学歴もなく、華々しいキャリアもなく、人から注目されることも尊敬もされることもないような仕事でも、地道に真摯に取り組んで、自分の与えられた環境のなかで精一杯自分の能力を出し切るべく努力することこそが、真に尊いことと思えるのです。一流企業でビシッとスーツを着込んでヒールをカツカツ鳴らして仕事をキビキビこなすキャリアウーマンのほうが、家庭で赤ちゃんのおしめを取り換える専業主婦のお母さんよりも輝いて見えるかもしれません。でも、そんなことはないのです。

ダウン症の女性書道家として有名な金澤翔子さんのお母様、金澤泰子さんは、翔子さんが生まれてから何年も、ダウン症に生れついた翔子さんの行く末に悲観し、苦しみ抜かれました。でも、最後に光明を見出されます。翔子さんの役割に気がつかれたのです。それは、翔子さんは「ビリ」になる役割だということです。なんて素敵な発見でしょう！ こうした気づきは、何て大きな希望を与えてくれることでしょうか。

もう一つ、マザー・テレサのお話もご紹介します。

＊＊＊＊

私がベネズエラにまいりましたときのことをお話ししましょう。ベネズエラでは私のシスターたちがいろいろ奉仕の活動を続けていますが、あるご家族が子どもの家をつくるようにと土地をくださいましたので、私はそのご家族のところにお礼を申し上げに行ったわけです。そうしましたら、その家にとてもひどい障害を持った坊やがいたんですね。その子の体のなかでたった一つ美しいところは目でした。きれいな目をしていていつも輝いていて、そしほほえみをたたえていました。

私はその子のお母さんに、「この坊やのお名前は？」とききました。すると、お母さんがいうことには、「この子の名前は、愛の博士―Professor of Love―、愛の博士と私たちは呼んでいるんですよ。この子は私たちにどうやって生きていったらいいか、どうやって愛したらいいか、どうやって幸せに暮らしていったらいいかということを、このほほえみで教えてくれるんです」

その小さな子どもは、私たちの目からすれば何も持っていないように思えました。いいようのないほどひどく体が不自由でしたから。でもどんなにひどく体が不自由なのにもかかわらず、この子は目にたたえた喜びで、親や兄弟、そして他のすべての人にいかに愛するかを教えてくれていたので、愛の博士と呼ばれていたのです。

（マザー・テレサ『生命あるすべてのものに』講談社現代新書より）

＊＊＊＊＊

人は他人と比べては、どちらが優秀か、どちらが美人か、どちらが金持ちか、といった優劣をつけては、時に優越感に浸ったり、時に落ち込んだりしがちです。でも、人の価値は人との比較から生まれるような、相対的なものではありません。残念ながら若いうちはなかなかそのことに気づきません。もったいないことです。

(8) 魂の健康 ② 見えないものへの謙虚さをもつ

大自然の圧倒的な力の前に、人間の力・能力・知識・技術などは遥かに小さいものであること。そのことを私たちは、今回の東日本大震災によって思い知らされました。人間の造ったものは何てはかなく脆くあっけなく、壊れ、崩れ、流されていくことか。震災後に残された夥しい瓦礫の山は、一〇六年分ものゴミの量に匹敵するそうです。その瓦礫の上を、一羽の黄色い蝶が飛んでいきました。瓦礫の陰からは春の陽光を浴びてあどけない草花たちが芽生えていました。人間の悲嘆や絶望とは全く無関係に、大自然は何事もなかったかの如く、いつもどおりの四季の営みを始めていました。

今回の震災から学ぶべきことの一つは、大自然を正しく畏れる謙虚さということです。自然を征服しようとして先端の科学技術で自然に立ち向かおうとする傲慢さ、人知で解明・解決できないことはないという慢心を改めることが大切です。

先にも触れましたが、人間にとって真の闇というものは本来恐ろしいものです。暗闇の奥に潜んでいそうな魑魅魍魎や妖怪、精霊、神仏といった神秘的な何かを感じ取るからです。それは、五感で感じるものとは異なるものでしょう。そうした体験が、大自然・大宇宙に対する謙虚さを育みます。

科学者たちは、自然の営みや宇宙の仕組みを科学の力で解明しようとしてきました。しかし、人間が解明しようがしまいが、自然の営みは繰り返され、宇宙の仕組みは止まることなく働き続けるのです。ニュートンが万有引力を発見し、それを数式に表わそうが表わすまいが、リンゴは木から落ちるのです。

人間も自然の一部であることを素直に受け止め、受け容れ、受け容れることで安らぎが得られます。その安らぎと、自然のなかで生かされていることに対する素直な感謝こそが、魂の健康ではないでしょうか。それは信仰心と言い換えてもいいでしょう。魂の健康には、信仰心が重要です。この信仰心は、おそらく人類が誕生してから一九世紀までは、国・民族・人種を問わず、普遍的にもっていたものだと思います。

宇宙の創成から現在までを一年のカレンダーに例えると、人間が誕生したのは、大晦日の午後一一時五六分ごろになるそうです。ということは、人間はたった四分しか生きていないのです。たった四分しか生きていない人間が、それ以前の三六四日と二三時間五六分のことをすべて知ることができるわけがありません。

人間には無限の可能性があり、いつかは宇宙のすべてを解明できるはずだと信じる人もいるでしょう。でも、そのためには物質的現象だけを扱う今の知性・理性に基づく学問だけでは無理であろうと考えます。村上和雄先生は「これからは魂の研究をしたい。今後一〇年以内に魂の本を書きたい」と常々おっしゃっています。超一流の科学者でいらっしゃる村上先生が、魂をどのように定義づけ、どのようにアプローチされ、どのように知性万能・唯物的科学者を納得させるような研究をされるのか。本当に楽しみです。

(9) 魂の健康 ③ 利他的な心をもつ

人間は、自己中心的な生き方では生きられないようにできています。もし人間の本性が自己中心的・利己的なものであったなら、弱肉強食の世界が繰り広げられ、最後は自滅の道をたどっていたでしょう。人間が生き残ってこられたのは、強い外敵に対し協力し合って戦い、少ない食べ物などを分け合い、譲り合うことをしてきたからです。チンパンジーでさえも、食べ物を分け合ったり譲り合ったりはしないそうです。でも、人間にはそれができるのです。ということは、人間の魂のなかに、他の動物にはない利他的なものが備わっているからではないでしょうか。

その利他的な魂は、他のために自らを犠牲にすることさえも厭わないような行動を取らせることがあります。今回の震災でも、自分だけ逃げれば助かったのに、近所の人たちに危険を知らせに行ったり、お年寄りを助けに行ったために亡くなった方たちが大勢いらっしゃいます。そして一方で、日本中の、いえ、世界中の多くの人が、被災された方のことを心配し、涙を流し、無事を祈り、自分にできることが何かないかと真剣に考えました。こうした心は、人間が根源的にもっている魂の働きだと思うのです。人間が単に知性・理性だけでものごとを考え、損得を計算して生きる生き物であるなら、自分の命も顧みずに人を助けに行ったりするでしょうか。空腹と寒さで疲労困憊しきっているのに、自分よりももっと悪条件の被災地に救援物資を優先して送ってほしいと頼んだりするでしょうか。また、一銭の得にもならないボランティア活動や、寄付・募金をするでしょうか。そうした人たちは、決していやいやながらではなく、心から望んで、そうせずにいられない、居ても立っても居られない、止むに止まれぬ心情に駆られて、そうされたのだと思います。人は、利他的な行いをすることによって、目先だけの利己的な欲求や願望を満たすことからは得られない大きな喜びを得ます。その喜びもまた、魂の健康に貢献するのではないでしょうか。

六、おわりに　日本人全体が元気になりますように

最近ある会で武道家で新体道創始者の青木宏之氏が、日本人全体が心の被災をしていると仰っていました。直接被災された方たちの精神的被災だけでなく、遠く離れている人でも、今回のあまりに無残な震災の状況に心の奥底、魂を痛め、ひどく傷ついているのを感じます。

震災から立ち上がるためには、物質的な復興も大切ですが、精神的な復興と新生が必要です。日本人全体の心のエネルギーが低迷しているとしたら、そのエネルギーを回復することが必要です。それを支える精神的支柱の一つが、日本人としてのアイデンティティと誇りだと思います。

日本人は世界でも稀に見る、礼節の高い、勤勉で正直で穏和な国民であり、独自の高度な文化を育んできました。海外を旅行するたびに、その国の良さもさることながら、日本は本当にいい国であり、恵まれている国だとつくづく感じます。そのことを教育で教えられないために、日本人自身が自覚できていないことは大変残念なことです。

以下に、アインシュタインが一九二二年日本に訪れた時のことばを紹介します。とても有名なことばなのでご存知

の方も多いことでしょう。

＊＊＊＊

近代日本の発展ほど世界を驚かせたものはない。一系の天皇を戴いていることが、今日の日本をあらしめたのである。私はこのような尊い国が世界に一ヵ所ぐらいなくてはならないと考えていた。

世界の未来は進むだけ進み、その間、幾度か争いは繰り返されて、最後の戦いに疲れるときが来る。そのとき人類は、まことの平和を求めて、世界的な盟主をあげなければならない。この世界の盟主なるものは、武力や金力ではなく、あらゆる国の歴史を抜きこえた最も古くてまた尊い家柄ではなくてはならぬ。

世界の文化はアジアに始まって、アジアに帰る。

それには、アジアの高峰、日本に立ち戻らねばならない。

我々は神に感謝する。我々に日本という尊い国をつくっておいてくれたことを。

（波田野毅『世界の偉人たちが贈る日本賛辞の至言三三撰』ごま書房より）

＊＊＊＊

幸い、戦後六六年を経て、日本のすばらしさ・正しさを、勇気をもって堂々と主張する学者や知識人たちが輩出し、その著書や講演に共鳴する人も増え始めています。竹田恒泰氏の『日本はなぜ世界でいちばん人気があるのか』（ＰＨＰ選書）や、藤原正彦氏の『日本人の誇り』（文春新書）は三〇万部以上ものベストセラーになりました。若い人や子供をもつ親御さんには是非読んでもらいたい本です。

私の所属する筑波大学人文・文化学群日本語・日本文化学類は、日本語教育の専門家育成を教育目標の一つに掲げています。毎年海外での実習に多くの在学生が参加しますが、そのときいつも思うのは、日本人としてのアイデンティティをしっかりもち、誇りをもって海外の人たちと交流してほしいということです。世界中のどこの国の人でも自分の国を大事にしているなかで、日本人だけが自分の国を正しく評価できず卑屈になっているようでは、日本から世界に何かを発信することは覚束ないでしょう。

二一世紀は日本人の出番だと、かのダライ・ラマ法王も明言しておられます。

震災をきっかけに、日本人全体の精神的エネルギーが高まってほしい。それが、震災で犠牲になられた多くの御魂のせめてもの慰めになるのではないでしょうか。微力ではありますが、私も人生の後半を少しでもお役にたてるように生きていこうと思っています。

参考図書

池上彰『池上彰の宗教がわかれば世界が見える』文春新書
石川拓治『奇跡のリンゴ「絶対不可能」を覆した農家　木村秋則の記録』幻冬社
五木寛之『大河の一滴』幻冬社
大井玄『「痴呆老人」は何を見ているか』新潮新書
岡野守也「講演　宇宙の中のいのちの意味」『サングラハ』第一一五号
岡野守也『コスモロジーの創造―禅・唯識・トランスパーソナル―』法藏館
金澤泰子『天使の正体』かまくら春秋社
木村秋則『すべては宇宙の采配』東邦出版
桜井邦朋『なぜ宇宙は人類をつくったのか』祥伝社
鈴木大拙『日本的霊性』岩波文庫

竹田恒泰『日本はなぜ世界でいちばん人気があるのか』PHP選書
西田幾太郎『善の研究』岩波文庫
波田野毅『世界の偉人たちが贈る日本賛辞の至言三三撰』ごま書房
藤原正彦『日本人の誇り』文春新書
藤原正彦『国家の品格』新潮社
V・E・フランクル『夜と霧』みすず書房
マザー・テレサ『生命あるすべてのものに』講談社現代新書
村上和雄・棚継正和『人は何のために祈るのか』祥伝社
山折哲雄『絆　いま、生きるあなたへ』ポプラ社
リサ・ランドール・若田光一『リサ・ランドール　異次元は存在する』NHK出版

Ⅲ 〈特別寄稿〉 日本文明は世界を救う

村上和雄

長年にわたり、私は高血圧の発症に深く関係する酵素・ホルモン（レニン・アンジオテンシン）やその遺伝子の研究に従事してきた。その私が、大学を定年退官後、イネの全遺伝子暗号解読という国家プロジェクトに参画することになった。コメの研究と高血圧の研究は、一見まったく関係ないように思われるが、実は、私の経歴からはそれほど不自然ではない。というのも、私は農学研究科を修了した後、一時、コメタンパク質の研究に従事したことがあった。また、遺伝子という点でも、私の研究は過去二五年間一貫している。

イネの場合、扱うデータの数が桁違いに多いため、遺伝子の暗号解読のプロセスにおいて大いに戸惑ったのは事実だ。しかし、このプロジェクトも最後には、多くの人の協力のお陰で完成することができた。この研究は、将来のイネの品種改良に大いに役立つものと期待されている。科学の成果は、一般の人々にはなじみが薄いものだが、その成果が生まれるプロセスには大変興味深いものがある。

二〇〇二年にノーベル化学賞を受賞した田中耕一さんの場合、実験の途中で間違った溶液を混ぜてしまったわけだが、それを捨てるのも惜しいと思ったところから、画期的な業績が生まれた。二〇〇〇年にノーベル化学賞を受賞した白川英樹さんも、同じような体験をもっておられる。

一般に科学は、客観的、論理的な世界だと考えられている。しかし、これは、コインに例えれば表側だけで、その裏には、創造性豊かな主観的世界、みずみずしい感性や直感、さらには霊感としか表現できない世界が存在する。私たちはこの世界を「ナイトサイエンス」と呼んでいる。

科学者は、ナイトサイエンスについては、あまり語らない。私どもが講義をしたり、専門の学会で発表するのは「デイサイエンス」についてであり、それは客観や論理の世界である。いわば出来上がった結果である。一方のナイトサイエンスは、結果に至るまでのプロセスに深く関係する。プロセスであるから、必ずしも理屈通りには進まない。間違いがあったり、ときとして、不思議な出会いや、天の味方としか言えない予想外の幸運に恵まれ、歓喜する瞬間が訪れたりする。

ここでは、私が携わったイネの遺伝子暗号解読のプロセスや成功の瞬間についても述べる。

一、分子生物学の最前線―イネ全ＤＮＡ配列の解読―

(1) 稲作は日本文明の源泉

世界の人口は、このままでいけば、二一世紀中に一〇〇億近くになると予想されている。人口増加は特に世界の貧しい地域で起こっている。ところで、世界の人口が一〇〇億近くに増えたときに、果たしてそれだけの数の人間をまかなうのに十分な食糧があるのだろうか。この問題は決して楽観を許さない。

今の日本の状況をみる限り、将来食糧危機が起こるとは想像しにくい。けれども現実には、世界で約一〇億人には、いまでも十分な食糧がない。

そのようななかで、栄養価の高い優秀な食品としてのコメがいま、世界中で注目されている。遺伝子を解析することによって、栄養価が高く美味で、環境条件の悪いところでも育つスーパーライスを迅速につくることができると期待されている。

古来、イネは食物としてだけでなく、日本の風土や文化を象徴する植物であった。田植えや秋の収穫祭など、日本人の生活パターンや行事は、すべてイネの収穫サイクルに基づいて形作られてきた。イネは、弥生時代以来の農耕文化を形成してきた植物であり、日本人の精神や生活の根源をなしてきた特別なものなのだ。

イネの「イ」は命、「ネ」は根っこであるともいわれている。また、イネにも魂があるとして、「稲魂」という言葉もある。

イネの遺伝子解読が終了した直後、私は伊勢の神宮に参拝し、北白川道久大宮司らにお目にかかり、改めて稲作と日本の国づくりや日本文化の深い関係について考えた。

伊勢の神宮では、春に種籾を蒔き、若苗を育てて、それを神田に植える。秋には収穫をして、神さまにお供えをし、その年の豊作に対する感謝の気持ちを表す。この伝統が古代から現代に至るまで続いているのだ。

約二五〇〇年前から、日本人の多くが、このようなイネ作りの生活を行って、自然と共に生き、神に感謝してきた。そしていま、日本は、イネの遺伝子解読では世界をリードする国となったのである。私は二五年以上にわたり、ヒトやイネの遺伝子暗号解読の研究に取り組んできたのだが、この分野の最近の進歩は目覚ましいものがある。このように、日本人にとって特別な意味のあるイネの遺伝子解明に、日本人チームが活躍していることは嬉しいことである。

イネの価値は、単に食糧としての重みだけではない。水稲は田植え期から収穫の秋までの約半年間、人や動・植物から吐き出された炭酸ガス（二酸化炭素）を吸収し、酸素を放出する。その量は、農学者の助けを借りて計算すると、日本で年に二〇〇億立方メートルほどにおよぶ。酸素ボンベに換算すれば、安く見積もっても六兆円相当分になり、炭酸ガスの吸収分まで考えたら、費用は無限大に近くなる。

また水田は、雨水を一定期間、保水する。仮に、この水をダムで貯えようとすると、概算二兆円を要するという計算もある。

それだけではない。水田は、私たち日本人にとっての原風景ともいえる空間である。緑を供給し、日本人の精神に安らぎを与え、心を癒す効果は大きすぎて、とても金額に換算できない。

日本人の身体・精神には、すみずみにまで、イネやコメからもらった生命が受け継がれている。このような私たちの血や肉や骨をつくっている大本の遺伝子の成り立ちを、外国人に分析されるがままに放っておいてもいいものだろうか。日本人の手によって解き明かすのが、一番いいのではなかろうか、と私は考えた。

私自身、畑違いともいえるイネの遺伝子解読に乗り出したのには、そうした文化的危機を肌身に感じていたからなのである。

(2) 国際科学振興財団で研究のスタート

私が理事を務める国際科学振興財団がイネcDNA解読プロジェクトの促進に立ち上がり、すでに予算獲得に動き出していた。cDNAとは、人工的にゲノムから意味のわからない、意味のない部分(イントロン)を取り去った、意味のある情報だけをもつ遺伝子の部分のことである。

それは、ゲノム全体の五パーセント位にすぎないが、その部分にタンパク質を作り出すための遺伝子情報のエッセンスが詰まっている。ちょうどその時、ヒトゲノムの解読で、世界の研究者を瞠目させたアメリカのベンチャー企業のセレーラ・ジェノミックス社が、二〇〇〇年四月に、「わが社が本気でイネゲノムの解読に乗り出せば、一年以内で終わる」という宣言を出した。九ヵ国の研究機関が合同して、イネゲノム解読の分担や、解読終了時期を決める矢先のことである。そこに、セレーラ・ジェノミックス社のこの爆弾予告であった。

ヒトゲノムに続いて、イネゲノムもか……と悲観的な声も上がりかけたが、それも無理はない。彼らの解読能力は、アメリカの政府機関が総力をあげても及ばないほどの研究規模や研究レベルで高い水準をもっている。

そのような事情もあり、私たちは、緊急に日本政府の補正予算をつけてもらうために、要人と会って、ｃＤＮＡ解読プロジェクトの必要性を説いて回るという、研究者にとって何よりも苦手で不慣れな交渉事に着手しなければならなかった。

ｃＤＮＡを解読するためには、まず、ｃＤＮＡのライブラリーを構築する必要がある。次に、塩基配列を解読するための高度な技術と機材や研究員を確保しなければならない。

（3）チーム崩壊の危機迫る

私どものチームは、総勢約四〇人。産・官・学の力を結集したプロジェクトであった。イネのｃＤＮＡの解読は困難を極めた。その配列を決定するのに、九九・九九パーセントの精度というのが非常な負担になった。気の遠くなるような根気のいる作業を、果てしなく続けていく。

さらにこれに加えて、急いで編成した研究員の意識の違いや、現場のリーダーシップにも問題が出てきて、これが作業のミスを誘い、足の引っ張り合いにもなった。しかも、このプロジェクトは、私がそれまで経験したこともないハードなスケールで、のしかかってきた。

しかし私は、イネの遺伝子の暗号解読だけはどうしても日本で完成させたいと思うあまりに、この研究に対して財団に退職金の全額を寄付していた。このお金で、ゼロから出発した私たちのチームは最初は運営されていたのだ。

ところがこのチームは、人と金の問題で、大変なピンチを迎えてしまった。日頃から、自分の著書などに、「ピンチはチャンス……」などと書いたりしていたが、現実にその場に立たされてみると、そんな余裕はとてもない。もしも、チームが崩壊でもしたら、約束した研究成果が出せないばかりではなく、莫大な借金が残ってしまう。事実、チームが崩壊寸前に陥る危機を何度か経験した。

(4) ショック！　解読の先を越されたか

イネの全遺伝子暗号の解読という新しいテーマに出会って、あまり深くも考えずに、その研究に心意気だけで飛び込んでしまった甘さに、いささか戸惑い気味になっていた私に、新たな問題が押し寄せてきた。

あれは忘れもしない、二〇〇二年の四月のことだ。私どもの財団に大きなショックが走り、あちこちで大きな溜息がこぼれた。

スイスのアグリビジネス界におけるトップ企業のシンジェンタ社と、北京ゲノム研究所とワシントン大学の米中合同研究チームとが、同時にイネゲノムを解読するのに成功したという報告が入ってきた。

ヒトゲノムの次にはイネゲノムまでもよそに解読の先手を取られたわけで、これは、日本の研究者にとっては、隠しようもない非常にショッキングな出来事だった。

しかし、解読そのものは、ただ単に遺伝子暗号の文字を並べただけであり、ゲノムの働きに関する解明までには、まだまだ遠い距離がある。

これに反して、日本のチームは、イネゲノムの解読と平行して、ゲノムの働きについての研究も進めていった。

それに加えて、イネゲノムの解明に関しては、日本には膨大な研究の蓄積があった。このイネに関する知的財産の厚みは他国とは比較にならない。

これがゲノムの働きに関する解明や、遺伝子組み換え技術への応用に際して、計り知れない有利さをもち、アイデア源や技術の支えとして働くことは疑いないという確信にも似た気持ちが私たちにはあった。

けれども、イネゲノムの解読競争において、外国勢に先行されたのは事実である。このときは、日本のイネゲノムの研究は打ち切るべきではないかという悲観論が、私たちの耳にまで入ってきたほどで、これは二重の意味でショックであった。

しかし、日本に有利な点は、イネの遺伝子（ｃＤＮＡ）にポイントを絞った、効率のよいピンポイント解明法を取っているという点にあった。しかも、九九・九九パーセントという高い精度を有するのは、日本チームのデータだけであった。

（5）悪戦苦闘の末の感激のゴール

しかし、外国での研究の進展を知って、現場では顔色が変わった。私どもの国際科学振興財団もその渦に巻き込まれて、まったく息が抜けない心身共にハードな日々が続いた。

私自身も眠れない日々が続き、体重が七、八キロも減って、体調を崩すほどの苦しい思いをした。

そこで私は思い切って、研究体制を変更することにした。産業界との連携を大幅に強化し、それぞれの特色を十分に生かした組織に、つまり、私が長年なじんできた大学の研究スタイルを、民間企業スタイルに一変したのである。私は最終責任だけを取り、権限を大幅に他の人に委譲した。そうすることにより、研究の能率が大幅に向上し始めた。

このような試練をくぐりながらも、一時の研究地獄を、私が無事に切り抜けられたのは、「天の貯金」がおりてきたからだと思っている。私の祖母や母は、困っている人々のために、不自由を我慢することを「天に貯金する」と言っていた。

貧しかった私の家庭では、修学旅行の費用が出せずに、私も私の兄弟も修学旅行には行けなかったが、母は「いま、つらい思いをしても、こうして天に貯金しておけば神さまの御用で、世界中を飛び回れるようになるんだからね」と言っていた。

後年、私が母の予言通りに、世界各国に足を伸ばすことができるようになったのも、イネの遺伝子暗号の解読時の数ある難関をなんとか突破できたのも、「天の貯金」がおりてきたからではないかと思っている。

二〇〇三年三月に、私たちはようやくピンチを乗り越えて、ついにゴールに到達できた。シャンパンを抜いて乾杯したいような気分だった。このときの、熱いものが込み上げてくるような感動は、これからも一生忘れないと思う。大きな仕事を成し遂げた充実感だ。大学時代に一研究室で味わったものとは何十倍も何百倍も違った味であった。

私たちは、一五二三〇個の完全長cDNAを解読し、理化学研究所のデータと合わせると、解読した完全長cDNAの総数は三万二一二七個になった。

これらの完全長cDNAは農林水産省で保管され、必要に応じて全世界に配布される。これらのデータに基づいて、新しい品種の育種などが始まり、このデータが世界中で活用されるはずである。

その成果は、科学雑誌『サイエンス』二〇〇三年七月一八日号に発表された。さらにこの研究で、二万八〇〇〇個を超えるイネ遺伝子の特許を日本とアメリカで申請することができた。

この成功は、研究に直接携わった人だけでなく、国家プロジェクトに関係した多くの人々の協力のお陰である。そしてこの成功は、イネ遺伝子の暗号解読だけは、どうしても日本で完成させたいと願った、多くの人々の執念が実った結果だと思っている。

発表後は、祝杯を挙げてお互いに健闘をたたえあったが、一時は、プロジェクト内で、ライバル同士が疑心暗鬼に陥ったこともあり、敵は外国だけでなく、国内にもいると思ったことさえあった。

ほぼ同時に、別々に進められていたイネゲノムの塩基配列の解読終了の宣言が二〇〇二年一二月一八日になされた。十年以上にわたる研究の苦労の結晶が実った素晴らしい成果であった。

こうして、イネゲノムをめぐる解読競争は一段落して、現在は小康状態に落ち着いている。しかし、これは「ゲノムの働き」にメスを入れ、先陣争いや本格的な特許戦争が始まる新たな前触れにしか過ぎない。

日本の研究陣に、さらなる奮闘と大いなる成果を期待したいと思う。

二、分子生物学からみた日本文明

(1) 生命の暗号―遺伝子―

二〇世紀は、生物科学、とくに分子生物学が素晴らしい進歩を遂げた。一九五三年、遺伝子の本体がＤＮＡという物質であることと、その構造が解明された。そして驚くべきことが明らかになった。それは、細菌を含む微生物、昆虫、植物、動物、人間など、すべての生き物はＡ、Ｔ、Ｇ、Ｃと呼ばれる同じ遺伝子暗号（塩基）を使っていることが発見されたのである。これは、地球上のあらゆる生きとし生けるものは、Ａ、Ｔ、Ｇ、Ｃを含むＤＮＡで繋がっていることを意味している。

さらに、ＤＮＡの解明をした結果、地球上すべての生き物の元は、一つであったことも判明した。人間は特別な存在で、地球の資源や他の生物を利用しているが、長い進化の歴史からみれば、すべての生物は人間にとって先祖であり、親戚、兄弟姉妹のような存在である。

DNAは、非常に細長い糸のような巨大分子であり、その幅は一ミリメートルの五〇万分の一という超微小の二重らせん構造をしている。ヒトのこの螺旋構造は約三二億の階段からなっているが、そのすべての階段がAとT、CとGというペアから成っている。少し働きの異なる分子(塩基)がお互いに支え合いながら遺伝情報を伝達している。

そして、このDNAは細胞の核のなかに存在するが、ヒトの場合その重さは僅か一グラムの二〇〇〇億分の一にすぎない。このなかに、人の全遺伝情報(ゲノム)が書き込まれている。そして、遺伝子はタンパク質に翻訳されて、生体のあらゆる化学反応を制御している。

(2) 誕生と死はペアでプログラムされている

私たちの身体は、たとえば、角膜は毎日、約三〇〇〇億個の細胞が死に、それと同数の細胞が誕生している。すべての再生系の細胞で、誕生と死が遺伝子に書き込まれたプログラム通りに行われている。再生系の細胞の死をアポトーシスという。

アポトーシスには三つの役割がある。①手足の指が形成される過程で不要となった細胞の死、②生体の中で老化して不要となった細胞の死、③ウイルスなどにより侵された細胞の死。

いずれも、全体や他の細胞を生かすために自分が死んでいく利他的に働く遺伝子が存在する。しかも、細胞の死によって細胞の構成生体であるタンパク質、脂質、糖質の巨大分子は、自分自身あるいは他の生物によって再利用可能な最小単位まで分解されて、それ以上には分解は進まない。自分の細胞の再生産および他の生物に利用可能な見事なリサイクリングシステムが存在している。

さらに、生物は進化の過程で、固体レベルでも死という自己消去によって子孫に良い遺伝子を残すシステムを獲得した。

長く生き続けると遺伝子に傷がつく。死がこなければ、その傷が世代を越えて受け継がれていく。そこで、自死の遺伝子プログラムがインプットされたと考えられている。自死性の遺伝子をもった生物が進化の上で有利となった。死によって遺伝子が新たに配り直されることになる。

なお、がん細胞には自死性の遺伝子はないので、それ自身は無限ともいえる増殖をするが、そのため、他の細胞や臓器を破壊し、個体の死によって最終的にはがん細胞も死ぬ。このように利己的な遺伝子のみ有する細胞は生存上も進化上も不利となる。

一四〇〇年前に、聖徳太子が説かれた「和」の心や利他の精神がなぜ生物や人間にとって大切なのかをＤＮＡの言葉で詳細に説明できる時代が二一世紀には来ると思っている。このテーマの解決が私どもの大きな目標である。そのために「心と遺伝子研究会」を発足させている。

（３）利他的な遺伝子

ヒトの身体は約六〇兆という膨大な数の細胞から成っているのに、どうして細胞同士争いもなく、見事に生きていられるのか。ヒトの場合、約三〇〇種類もの異なる細胞が期間や臓器をかたちづくっている。そして、細胞や臓器は助け合いながら、個体を生かす見事な働きをしている。

これは、自律神経の働きとして説明されているが、自律神経を動かしているものは何か全くわかっていない。私は、この見事な助け合いのために必要な情報は、ゲノムに書かれていると考えている。

ヒトの身体では、細胞同士、臓器同士が見事に助け合っている。遺伝子にも利他的な働きをする情報が存在すると、私は思っている。

進化生物学者・長谷川真理子は、ヒトの身体が進化によって適応的に作られてきたように、「こころ」もまた進化の産物だと述べている。

ヒトほど他者に協調し、協力したり援助したりする動物は、他にはいない。では、ヒトにおいて高次な利他行動が進化したのはどうしてだろう。それは、ヒトの「こころ」の存在だと長谷川は主張する。

ヒトは進化の過程において、互いの状況や感情を、繊細、的確に推測する能力を獲得し、言語により意図を交わすことができるようになった。ヒトに著しく発達した脳の働きは、長い集団生活のなかで非常に強い社会性を生み、ヒトに独特な文化をつくり出した。困っている人に「思わず」手を差し伸べる。そんな無意識になされる利他行動は、他者への共感や配慮（思いやり）、協調、助け合いが、ヒトの本能として進化したことを示している。

(4)「こころ」を変えてヒトは進化する

ヒト全遺伝情報（ゲノム）と、ヒトに最も近い現存動物種であるチンパンジーのゲノムの解読が、最近完了し、大変興味深い事実が判明した。

それは、ヒトにはあるが、チンパンジーにはないという遺伝子は一つもないということであった。それでは、ヒトとチンパンジーのゲノムの三・九％の差とは一体何かを探索した結果、その一つに大脳皮質のしわの形成に関与する配列が発見された。しかも、その配列はタンパク質をつくるためのＤＮＡではなかった。その働きは、遺伝子のオンとオフのタイミングや場所の決定に関わると考えられている。

こうした、ゲノム解読によって見えてきたのは、遺伝子スイッチの重要性である。形態の進化を引き起こす最大の推進力は、遺伝子の基本的設計図の変異ではなく、オンとオフをつかさどる遺伝子のスイッチの変化である可能性が高い。

私どもは、笑いという陽性の「こころ」が糖尿病患者の食後血糖値の上昇を抑え、その際、オンまたはオフになる遺伝子を発見した。これは、「思い」や「心の持ち方」が遺伝子のオンとオフを変えるという事実である。ヒトは、自身のこころの働きを変えることにより、利他的遺伝子をオンにし、より高次の人間に進化できる可能性がある。

(5) 利他的なこころと利己的なこころ

生物学者（遺伝学）の柳澤嘉一郎は、進化的に古い母性本能の遺伝子が、利他的な遺伝子の起源ではないかとみている。母性愛に関わる遺伝子群の一つが、自己複製の時に重複してコピーされ、その際に、行為の対象を自分の子どもだけでなく、より広く他者へと向ける働きの遺伝子へと突然変異したのではないか、と述べている。

ヒトを含め、いま、この地球上に生きるすべての動物は、生命の誕生以来、幾多の過酷な環境を切り抜けて、生き残ってきたものの子孫である。何よりも自分の生存を優先することは、生き抜くために必要であり、利己的な行動は、生きる術として遺伝子に刻まれた。その一方で、群れて暮らす動物たちは、集団のなかで生きるために、もう一つの術として、他を思いやる利他的な遺伝子を獲得していった。

「利己」と「利他」、それは相反しているようだが、表裏一体であり、個体の生存と種の存続に共に必要な本能行動としてヒトに定着した。そしてヒトは、利己的な生き方と、利他的な生き方をそれぞれにもっていて、二つのバランスをとりながら、今を生きている。

さて、私たちは、人から感謝されたときに、より幸せを感じる。これは、利他の方が利己よりも進化的に新しく、発達した脳（こころ）の働きが、より強く作用しているからだと考えられる。ならばヒトは、利己から利他へ意識を変えることで、より利他的な生き方へと進化することが可能であろう。

今年（二〇一一年）三月に起きた東日本大震災は、まさに人々の意識を変え、我欲が目立つ今の世の中に、ヒトの利他性がまだまだ健在であることを伝えている。ヒトがもつ高度な社会性の基盤が利他性にあるならば、私たちは意識して、利他的な遺伝子をオンにして、助け合うこころを日常にもっと顕在化しよう。それが、より良い地球社会と、自然の恵みに感謝し、地球上のすべての生物と共生できる高次の人間の進化を導くことになるであろう。

（6）ヒトは地球生命三八億歳

約三八億年前、地球に最初の生物が誕生した。そして、すべての生物の設計図は、ゲノムによって受け継がれてきた。そのゲノムを変化させることにより、数千万種類ともいわれる生物が生まれ、人類が誕生した。

私たちのゲノムは、三八億年間一度も途切れることなく、受け継がれてきた。この間に、一度でも事故が起これば、ヒトは存在しなかったはずだ。三八億年という、気の遠くなるような時間をかけて、ヒトは選び抜かれて、この世に誕生した。

いま私たちは、子供を作るというが、それは傲慢だと私は思っている。世界中の優れた技術や学者をすべて動員しても、世界の富をすべて使っても、たった一つの大腸菌すらゼロからつくれない。

何故なのか。それは細胞一つ、どうして生きているのかについての根本的原理を、生化学者はほとんど知らないからである。一個の細胞についてもわからないことが多く残されているのに、ヒトは約六〇兆の細胞から成っている。六〇兆という数字は、地球人口六五億の約九千倍である。

(7) サムシング・グレート

私は生命科学の研究に五〇年従事してきたが、つくづく感嘆していることがある。それは、細胞中の極微の空間に、万巻の書物に匹敵する遺伝子情報を書き込み、一刻の休みもなく働かせている大自然の素晴らしさである。この働きは人間業ではない。この目には見えないが、大自然の偉大な働きを、私はサムシング・グレートと表現してきた。

本当に大切なものは目には見えないのではないか。心、いのち、そしてサムシング・グレートも目には見えない。サムシング・グレートとは何か。これは人類の永遠の課題である。

自明のことであるが、子供は親なしでは生まれない。サムシング・グレートとは、すべての生き物の元の親であり、現在も休むことなく働き続けている、偉大な親のようなものではないだろうか。さらに、人類が作り上げてきた文明、科学、思想などの根源は、実はサムシング・グレートに由来していると考えている。

地球上のすべての生き物は、命の元であるサムシング・グレートにつながっていて、お互いに協力しあって、地球生命体を構成しているのである。それにも関わらず、人類は長年にわたり、民族、人種、国家、宗教宗派までもが争いを繰り返してきた。今こそ、人類を含めたすべての命がつながっていることを自覚していきたいものである。

(8) 日本文明は生命を敬う文明

日本人は「いただきます」「お陰さま」「もったいない」「ありがとう」という言葉を使うが、この正確な意味は外国語に訳せない。たとえば、「ありがとう」は単に感謝するだけではない。細胞一個、偶然に生まれる確率は、日本で一億円の宝くじを買って、それが、一〇〇万回連続して当たるくらい、有り難いことなのだ。

この世に生まれてきたこと自体、途方もない奇跡的な出来事なのだ。生きているだけでも、有り難く、素晴らしいことである。この世に生かされていることに感謝する生き方が日本文明の基礎にあると思う。

私たちは自分の力で生きているように思っているが、自分の力だけで生きている人など地球上に一人もいない。太陽、水、空気、動植物、地球などや、目に見えない大自然の偉大な力（サムシング・グレート）のお陰で生かされているのである。

DNAレベルでみると、ゲノムは一人ひとり違う。それは誰もが、かけがえのない人間として生まれてきたという意味だ。他人と比較して生きるのではなく、自分の花を咲かせるために、オンリーワンとして生まれてきた。

これらの事実から、私たちは、生まれてきたことを喜び、生かされていることに感謝すれば、多くの眠っている良い遺伝子の働きがオンになる。あきらめず、努力し続ければ、ヒトの遺伝子は目覚め、限りない可能性を引き出せると思っている。

エピローグ

私（吉田）個人は、ここ二〇年近く、「心」に執着する社会的風潮に違和感を覚え続け、いろいろなところでその思いを公表してきました。その違和感は、次のようなことです。

現代の日本社会では、精神疾患の病名とは別に、「心の闇」、「心の傷」、「心の居場所」、「無意識」、「自己肯定感」、「自己実現」、「自分への気づき」、「自分探し」、「引きこもり」など、「心の言葉」の概念が現代社会のなかで溢れています。さらに、「心の病気」なら、「統合失調症」、「神経症」、「アルコール依存症」、「鬱病」などがすぐに名前としてあげられます。心理学や精神医学の専門用語では、「アダルト・チルドレン」、「境界例」、「人格障害」、「ＡＤＨＤ」（「注意欠損・多動性障害」なども頻繁に耳にします。何しろ最近では、楽しく感じられない、生活にハリがない、というような状態は、「心がカゼ」をひいたときの症状だ、といわれるぐらいです。したがって、書店では、心理学、より正確にいえば科学的な実験系心理学ではなく、さまざまな要素を混在させた臨床系心理学を下敷きにした啓発書が人間形成ないしは人間関係の手引書やマニアル本として所狭しと並べられています。その意味では、現在の社会的風潮として、現実の社会問題が、個々人の心の問題として強く意識されているわけです。それゆえに、生活や社会の問題をよりよい方向に導くために心理学の知識やスキルを無批判に受け入れようとする心理主義の傾向が蔓延してしまっています。たとえば、流行の集団カウンセリングのエンカウンター・グループも、それに属するものです。どうも、気のせいか、それらに興味をもっている人は、何かの宗教をもっていない方のようにお見受けしてしかたがないのです。つまり、宗教を拒絶している人が、「心」に宗教的なものを求めている信者のように，感じられてしかたがないのです。

そんな違和感はどんなところから生じるのであろうかと考えていますと、どうも「心」というものにしがみつこうとしているところが納得できないのだ、ということに気づくようになりました。つまり、私（吉田）の中には、「心」というものは表層的なものに見えてしかたがないのです。「心」というものの本源に、別の何かがあるように思えてならないのです。その何かが鍵であって、その何かを気づき変えない限り、人間の根本的なところが見えてこないし、また人間の生き方もよくならないように思えてならないのです。

その何かは何なのかについては、今もよくわかりません。ただし、一九八九年に世界保健機構（ＷＨＯ）が緩和医療を「身体的、心理的、社会的、スピリチュアルな面すべてに対応する包括的な治療」と定義したときの、「心理的」とは違う「スピリチュアル」というものが、その何かに近いものではないだろうか、と思っています。その「スピリチュアル」という形容詞を名詞化すれば、「スピリチュアリティ」になります。日本語にこれを無理矢理に訳すと、「精神性」あるいは「霊性」となるのではないでしょうか。「魂」なのでしょうか。あるいは、「こころ」とひらがな書きをしたらよいのでしょうか。宗教家ならば、「神性」というかもしれません。どの訳語が最も適切なのかは、今のところ、これだといえないのが苦しいところですが、いずれにせよ、この訳しにくい言葉が、世間でいわれる「心」よりもしっくりくるのです。それならば、泡のような「心」ではなく、頼れるような何かであるように思えるのです。その何かを、とりあえずここでは仮に「精神性」と呼ぶことにします。

そこで、この「精神性」を考えてみようとしていたところ、まったく研究分野は異なるのですが、思わぬ同志（ご本人たちはどう思っておられるかわかりません）が、近くにいることがわかりました。応用言語学の一二三朋子氏です。

この用語についての解釈等もそれぞれ微妙に違いますが、いっしょにスクラムを組んで研究していくことになりました。とりあえず、一二三氏といっしょに、第一弾の企画として作ったのが、この小冊子です。また、この企画に賛同していただいた研究会顧問の村上和雄先生にも、特別寄稿していただきました。本書を読まれればすぐに気づかれるでしょうが、「心」、「精神」、「こころ」、「霊性」、「魂」、「スピリチュアリティ」など、多様な言葉が各著者によって使用されています。それだけ、この種の言葉は、微妙でとらえにくい概念なのです。今後、できるだけ統一した言葉で語れるように、研究を重ねていきたいと思います。とりあえず今回は、それぞれの立ち位置から本源に対して探りを入れてみました。

どうぞ、興味のある方は、ご連絡いただき、お互いにやっていけそうであるなら、ぜひ会に入っていただき、いっしょうに勉強していきましょう。

二〇一一年九月

「日本の精神性研究会」代表

吉田　武男

[著者紹介]

村上和雄（むらかみ　かずお）

奈良県生まれ。筑波大学名誉教授，国際科学振興財団バイオ研究所長。農学博士。

[著書]『生命《いのち》の暗号―あなたの遺伝子が目覚めるとき―』サンマーク出版。

『アホは神の望み』サンマーク出版。

『奇跡を呼ぶ100万回の祈り』ソフトバンククリエイティブ。

吉田武男（よしだ　たけお）

奈良県生まれ。筑波大学大学院人間総合科学研究科教授。博士（教育学）。

[著書]『シュタイナーの人間形成論―道徳教育の転換を求めて―』学文社。

[論文]「シュタイナーの教育論における『臨床の知』―教師と子どもとの関係性に着目して―」（日本教育学会編『教育学研究』第69巻　第３号）。

一二三朋子（ひふみ　ともこ）

東京都生まれ。筑波大学大学院人文社会科学研究科准教授。博士（人文科学）。

[著書]『接触場面における共生的学習の可能性―意識面と発話内容面からの考察―』風間書房。

[論文]「多言語・多文化社会での共生的学習とその促進要因の検討―日本におけるアジア系留学生を対象に―」（日本語教育学会編『日本語教育』146号）。

二一世紀は日本人の出番
――震災後の日本を支える君たちへ――

二〇一一年一〇月七日　第一版第一刷発行　◉検印省略

著　者　村上和雄・吉田武男・一二三朋子

発行所　株式会社　学文社
郵便番号　一五三-〇〇六四
東京都目黒区下目黒三―六―一
電　話　03(三七一五)一五〇一(代)
http://www.gakubunsha.com
振　替　〇〇一三〇-九-九八八四二

発行者　田中千津子

印刷所　新灯印刷株式会社

乱丁・落丁の場合は本社でお取り替えします。
定価はカバー・売上カードに表示。

ISBN978-4-7620-2223-4